COLLANA

ACCÈNTI

L'accento pone in rilievo una sillaba di cui si compone la parola e ne aumenta l'intensità di pronuncia.

La Civiltà Cattolica dà questo nome a una collana che raccoglie in modo tematico la propria riflessione – ininterrotta sin dal 1850 – ponendo l'accento su un tema di attualità o di particolare valore ispirativo.

L'accento cade su una parola chiave proponendo oggi riflessioni del passato, creando connessioni e svelando motivazioni lontane. La nostra speranza: riproporre testi da leggere col senno di poi per capire meglio il presente.

www.laciviltacattolica.it

I edizione - febbraio 2022

SOMMARIO

PRESENTAZIONE

«Vorrei che le mie esigenze espressive, la mia ispirazione poetica, non contraddicessero mai la vostra sensibilità di credenti. Perché altrimenti non raggiungerei il mio scopo di riproporre a tutti una vita che è modello – sia pure irraggiungibile – per tutti». Scriveva così Pier Paolo Pasolini nel febbraio 1963 a Lucio Caruso, volontario della *Pro Civitate Christiana,* in una lettera con la quale chiedeva collaborazione alla Cittadella di Assisi per la stesura della sceneggiatura del «suo» Vangelo secondo Matteo.

L'ispirazione poetica dell'autore friulano, romano di adozione – e come essa in effetti è stata recepita dalla critica, specialmente cattolica – è il filo rosso che attraversa questa nuova monografia della nostra collana Accenti, dedicata appunto a Pasolini, a 100 anni dalla sua nascita (5 marzo 1922 – 2 novembre 1975). Abbiamo scelto di presentare i saggi sulla sua opera nell'ordine in cui sono apparsi su *La Civiltà Cattolica.* La raccolta è completata da un'*Appendice* di recensioni di volumi che a vari livelli hanno trattato del poeta di Casarsa.

L'ordine cronologico permette di osservare l'evoluzione dello sguardo della rivista sull'opera di Pasolini; ed è significativo che il primo e l'ultimo articolo che ripubblichiamo si occupino entrambi, con toni e valutazioni del tutto differenti, delle poesie della raccolta *La religione del mio tempo.* Se per un deluso e disgustato p. Giuseppe De Rosa (1961) è del tutto evidente come Pasolini sia un «poeta mancato», per p. Virgilio Fantuzzi (che scrive questo saggio nel 2015, anche se sulla rivista è apparso postumo) egli «è un poeta che ha detto tutto di sé nelle sue poesie» e ritiene che la parte più alta e profonda della sua opera sia proprio la poesia. La scoperta successiva del cinema fu come una tecnica nuova per esprimere le stesse cose scritte in versi. Tra questi due punti di vista diametralmente opposti, si trova anche la critica pungente e dettagliata di p. Enrico Baragli a due pellicole di Pasolini, *Porcile* e *Medea*. Nel primo caso, p. Baragli accomuna nel suo giudizio il film del poeta al *Satyricon* di Federico Fellini – presentati entrambi nella Mostra del cinema di Venezia del 1969 – rilevandone la sgradevolezza degli argomenti, i carenti valori artistici e morali, e lo svilimento che vi subisce la dignità umana. Sulla *Medea* Baragli, dopo averne esposto l'argomento e valutato i valori figurativi ed estetici, indaga i «messaggi» sociologici e religiosi, notando soprattutto l'oscurità dei primi e l'evoluzione dei secondi.

A seguire la rotta del tempo si nota una lunga cesura tra il primo periodo di attenzione della rivista per Pasolini e il secondo, iniziato molti anni dopo la sua morte tragica. Infatti, dopo l'articolo di De Rosa e i due di Baragli, dal 1970 al 1994 *La Civiltà Cattolica* non ha pubblicato più nulla sul poeta. Un periodo che coincide, dal punto di vista ecclesiale, con la fase più drammatica di elaborazione interna del Concilio Vaticano II. Pasolini riemerge nelle nostre pagine in una nota di p. Fantuzzi, ispirata dall'uscita di alcuni libri, che illustravano aspetti allora meno noti della biografia dello scrittore e regista; aspetti che invitavano a riflettere sulla complessità di un personaggio sul quale erano stati formulati spesso giudizi considerati sbrigativi. Dopodiché il fuoco dell'attenzione critica di p. Fantuzzi si è immediatamente concentrato sul *Vangelo*, che in qualche modo ritorna sempre in quasi tutti i saggi successivi. Il primo è stato scritto in occasione della messa in onda e della pubblicazione in dvd dell'edizione restaurata de *Il Vangelo secondo Matteo*, a 40 anni di distanza dalla sua realizzazione. In un secondo articolo, p. Fantuzzi considera *Accattone* e *La ricotta*, assieme a *Mamma Roma*, le tappe di un cammino che condusse il regista a realizzare proprio il *Vangelo*. Affascinante, poi la storia e la testimonianza di Enrique Irazoqui, il non-attore che nel 1964, all'età di 19 anni, interpretò il ruolo di Gesù nel film. In un altro saggio, il gesuita indaga il senso del sacro e la sensibilità moderna di Pasolini, che secondo Fantuzzi nel *Vangelo* «si fondono reciprocamente sotto il segno della poesia».

In mezzo a questa ricca esegesi a puntate del *Vangelo,* si inseriscono due altri contributi di p. Fantuzzi. In uno ricostruisce, grazie a un documentario di Giuseppe Bertolucci, la lavorazione del film *La Rabbia*.

Un'opera cinematografica che alla fine lasciò insoddisfatti del risultato complessivo sia Pasolini che Guareschi, l'altra «voce» del progetto. Nel secondo si parla della madre di Pasolini, Susanna Colussi – che interpretò Maria nel *Vangelo* – la quale, all'insaputa di tutti, trascrisse in una sorta di romanzo i suoi ricordi familiari, che il figlio non lesse mai.

A concludere la prima parte del volume, il saggio più recente di p. Fantuzzi su Pasolini, quello che menzionavamo all'inizio, che ci aiuta a fare sintesi sulla religione del «suo» tempo. In Pasolini emergono due elementi contrastanti che convivevano all'interno della sua personalità: da una parte una religiosità di tipo istintivo, informe, lontana dalla sistematizzazione dei dogmi del cristianesimo inteso come religione istituzionale; dall'altra, come figlio del suo secolo, non poteva non razionalizzare tutto questo. Di qui le sue forti tensioni interiori e le contraddizioni, che si esprimevano nella vita e nelle opere in un modo provocatorio che però non era disgiunto da una rabbiosa e innata passione religiosa.

Per una rivista come *La Civiltà Cattolica* risuona forte ancora oggi, proprio in questo centenario, l'intuizione di Pasolini che – a proposito del suo *Vangelo secondo Matteo* – contrappone le parole di Cristo alla «vita come si sta configurando all'uomo moderno, la sua grigia orgia di cinismo, ironia, brutalità pratica, compromesso, conformismo, glorificazione della propria identità nei connotati della massa, odio per ogni diversità, rancore teologico senza religione».

Con questo volume della collana «Accenti», ormai il ventesimo, vogliamo consegnare nelle mani dei nostri lettori una traccia del lavoro culturale de *La Civiltà Cattolica*. La differenza di posizioni che gli autori, in epoche diverse, hanno assunto nei confronti dell'opera di Pier Paolo Pasolini testimonia il rovello critico di una rivista viva, capace anche di mutare parere, se necessario, o di approfondirlo meglio. Ma è anche specchio dei tempi che mutano e delle istanze critiche che questo mutare porta con sé.

Antonio Spadaro S.I.
direttore de *La Civiltà Cattolica*

PIER PAOLO PASOLINI, POETA MANCATO

Giuseppe De Rosa S.I.

Eravamo proprio curiosi di vedere se al volume di poesie *La religione del mio tempo*[1], di P. P. Pasolini, romanziere, poeta, saggista e regista – il suo primo film, *L'Accattone*, è stato presentato quest'anno alla Mostra veneziana – sarebbe stato aggiudicato un premio letterario. Avevamo letto il volume e ne eravamo rimasti delusi e disgustati; ma non era, questo, un motivo sufficiente per decidere che un premio non ci sarebbe stato: poiché i premi letterari italiani, purtroppo, seguono per lo più un codice di meriti e di demeriti che, per i profani, è cifra di cui non è agevole procurarsi la chiave. Ed il riconoscimento, difatti, venne: il 30 settembre, il XIII° Premio Chianciano, di un milione di lire, venne conferito, per la poesia, all'opera del Pasolini.

Il titolo del volume, *La religione del mio tempo*, non deve trarre in inganno: esso si riferisce a un solo gruppo di poesie, che occupano appena una trentina di pagine e che vanno dal 1957 al 1959. Precede un'altra raccolta, *La ricchezza*, e seguono un buon numero di epigrammi. Viene poi *In morte del realismo*, una lunga tirata, ricalcata su Shakespeare, contro Cassola, reo di aver inferto al realismo «un colpo brutale» con il suo romanzo *La ragazza di Bube*. Chiudono il volume le *Poesie incivili*.

In realtà, di che cosa si tratta? Ed anzitutto è «poesia» quella del Pasolini? Se dovessimo seguire i nostri gusti, diremmo di no: a parte un fastidioso ermetismo che rende incomprensibile ai comuni mortali la maggior parte della produzione poetica pasoliniana, vi troviamo molto «realismo», questo sì, ma poca «poesia». Manca quasi

1. Pier Paolo Pasolini, *La religione del mio tempo*, Milano, Garzanti, 1961, in-16°, pp. 187. L. 1.400.

del tutto l'incarnazione fantastica dell'idea e la proiezione della realtà quotidiana nel mondo della poesia, che è visione e scoprimento dell'universale nel particolare e nel contingente. Per conto nostro non ci sentiremmo di chiamar «poetici» versi come questi (scelti a caso fra i tanti), consacrati a dipingere il sottoproletariato romano:

> È certo la prima delle loro passioni
> il desiderio di ricchezza: sordido
> come le loro membra non lavate,
> nascosto, e insieme scoperto,
> privo di ogni pudore: come senza pudore
> è il rapace che svolazza pregustando
> chiotto il boccone, o il lupo, o il ragno;
> essi bramano i soldi come zingari,
> mercenari, puttane: si lagnano
> se non ce l'hanno, usano lusinghe
> abbiette per ottenerli, si gloriano
> plautinamente se ne hanno le saccocce piene.
> Se lavorano – lavoro di mafiosi macellari,
> ferini lucidatori, invertiti commessi,
> tranvieri incarogniti, tisici ambulanti,
> manovali buoni come cani – avviene
> che abbiano ugualmente un'aria di ladri:
> troppa avita furberia in quelle vene... (pp. 51-52).

Certamente il Pasolini non manca di passione; ma la passione non basta per fare un poeta; e poi, la sua, si direbbe una passione cerebrale, più voluta sentire che sentita realmente. C'è perciò nella sua poesia qualcosa di falso, di non autentico: anche la rabbia, l'odio, la disperazione hanno un suono falso, letterario, a parte qualche frammento in cui si avverte una commozione più sincera, e qualche sprazzo di autentica poesia.

Il Pasolini, si sa, è un uomo «impegnato», è un marxista militante; ma il guaio è che lo fa troppo sentire. E la sua poesia ne scapita, come ne scapita la sua dignità morale. Come difatti non sentire che c'è del servilismo – o dell'infantilismo? – in versi come questi:

Krusciov, tu sei quel Krusciov che Krusciov non è
ma è puro ideale, ormai, vivente speranza;
sii Krusciov: sii quell'ideale e quella speranza:
sii il Bruto, che non uccide un corpo ma uno spirito (p. 129).

È vero che egli tiene a dirci che i suoi versi sono stati scritti entro il 1960 – «e precisamente prima del luglio di quell'anno», egli precisa ad ammonimento di chi potrebbe meravigliarsi che la «rivoluzione» comunista di quei giorni non abbia ispirato il suo estro – ma non c'è dubbio che, letto nell'ottobre 1961, dopo gli scoppi delle bombe H sovietiche, l'inno a Krusciov fa un certo effetto! Se Krusciov è la nostra «vivente speranza», poveri noi...

Una buona dose, come dire, di boria, in verità un tantino tracotante e un tantino puerile, la troviamo in certi epigrammi. Eccone uno, dedicato «ai nobili del Circolo della Caccia»:

Non siete mai esistiti, vecchi pecoroni papalini:
ora un po' esistete perché un po' esiste Pasolini (p. 141).

Non crediamo poi che agli italiani farà piacere sentirsi apostrofare nell'epigramma *Alla mia nazione* con i seguenti versi:

Non popolo arabo, non popolo balcanico, non popolo antico,
ma nazione vivente, ma nazione europea:
e cosa sei? Terra d'infanti, affamati, corrotti,
governanti impiegati di agrari, prefetti codini,
avvocatucci unti di brillantina e i piedi sporchi,
funzionari liberali carogne come gli zii bigotti,
una caserma, un seminario, una spiaggia libera, un casino!
Milioni di piccoli borghesi come milioni di porci pascolano
sospingendosi sotto gli illesi palazzotti,
tra case coloniali scrostate ormai come chiese.
Proprio perché tu sei esistita, ora non esisti,
proprio perché fosti cosciente, sei incosciente.
E solo perché sei cattolica, non puoi pensare
che il tuo male è tutto il male: colpa d'ogni male.
Sprofonda in questo tuo bel mare, libera il mondo (p. 143).

Non sappiamo che cosa la giuria, che pure era composta d'italiani, abbia pensato nel leggere questo epigramma; ma confessiamo che a noi ha suscitato riso e pena – ed anche la voglia di dire al Pasolini di pensarci un poco, prima di chiamare gli altri «corrotti»... perché egli stesso non è certo, per dire solo della sua arte, un maestro di moralità.

Ci resta da notare qualcosa sui sentimenti religiosi – sarebbe meglio dire «irreligiosi» – dell'autore: l'argomento religioso è infatti capitale in questa raccolta di poesie. Diciamo subito che per la Chiesa ed il cattolicismo il Pasolini ha una violenta idiosincrasia: al solo sentirli nominare, diviene furibondo, ed insulta, maledice, bestemmia. In realtà, col cristianesimo egli ha un conto personale da regolare. Da ragazzo fu cristiano; ma, passata l'adolescenza, si sentì tradito dalla Chiesa: nei giorni della Resistenza,

> ...Nessuna delle passioni
> vere dell'uomo si rivelò
> nelle parole e nelle azioni
> della Chiesa (p. 85).

Egli s'accorse allora

> che è borghese
> questa fede cristiana, nel segno
> di ogni privilegio, di ogni resa,
> di ogni servitù ...
> ...che la Chiesa
> è lo spietato cuore dello Stato (p. 86).

Per non offendere le orecchie dei nostri lettori, ci asteniamo dal riferire i titoli di cui egli è prodigo nei riguardi dei sacerdoti (eppure sarebbe istruttivo, per vedere a che livello di degradazione si può giungere quando l'odio accieca un uomo!). Ma non possiamo astenerci dal protestare per i gravissimi insulti contenuti in una poesia dedicata a Pio XII: qui, l'insolenza raggiunge veramente il colmo. È una manciata di fango, gettata sulla purissima figura di un Papa, che si è meritato la stima e l'affetto di tutto il mondo per il grande bene compiuto in favore di tutti – proprio quando i protettori del Pasolini si lordavano le mani di sangue ed instauravano regimi di violenza e di terrore. Altro che l'ubriacone Zucchetto, finito sotto un tram ai Mercati, che Pio XII aveva «voluto» ignorare...

Dopo di che, non ci resta che leggerci la motivazione con cui la Giuria ha creduto poter giustificare l'assegnazione del Premio Chianciano:

> Con il suo carattere problematico, la sua proposta di umanesimo accanitamente storicista, il libro di Pasolini conferma la ricchezza delle prospettive della sua poesia: poesia che vuol essere testimonianza e violenta pietà per le condizioni dell'uomo, dolorosa presa di coscienza sulla realtà del proprio tempo.
> In un tumulto di passione e ideologia, di ricerca e di protesta, si chiarisce una indiscutibile vocazione di lirica, attenta a riconoscersi nella propria verità perché coincide con quella degli altri, consapevole del proprio dramma di uomo nello sforzo continuo di oggettivarlo e di oggettivarsi. In questa confluenza di amore e di pietà che si solleva a un'alta nostalgia di purezza, la raccolta di Pasolini, si configura anche nella sua coraggiosa fisionomia di canzoniere civile.
> Inoltre la Giuria ha rilevato con piacere che questa raccolta rappresenta per alcuni suoi risultati una sostanziale novità negli operati sia delle precedenti esperienze dell'autore, sia della situazione poetica attuale.

Questo giudizio, francamente, ci lascia di stucco[2]. I valentuomini componenti la giuria – Flora, Curci, Debenedetti, Folgore,

2. Non ci meraviglia; invece, che M. LUNETTA, sul *Contemporaneo* (sett. 1961, 40, p. 169) abbia scritto: «Libro da cui sarebbe ozioso estrarre le singole bellezze e spigolare le soluzioni più alte, *La religione del mio tempo* (quella "altissima e disperata" della miseria dell'uomo – come si avverte in sopracoperta) costituisce un vero e proprio "romanzo" ed "italiano" poema che, aldilà del suo bruciante valore documentario e poetico, sferra un altro colpo d'ariete alla veranda di muschio in cui ama rifugiarsi tanta nostra poesia squisita, o cantabilmente disperata». Un marxista non può che parlar bene di chi tutto giudica «secondo il metro dell'ideologia marxistica». E poi, che senso ha appellarsi all'«arte», alla «poesia» per giudicare il Pasolini, se lui stesso definisce «non poesie» le sue poesie? Affermazione, commenta il Lunetta, che

Lazzaroni, Picone Stella, Repaci, Spagnoletti, Vigorelli, Villaroel – hanno letto il volume del Pasolini prima di sottoscrivere un giudizio così entusiasta e laudativo, in cui non appare l'ombra di una critica? Se sì, siamo costretti a pensare che l'assegnazione di certi premi, in Italia, segue criteri non propriamente letterari ed artistici, perché non possiamo credere che critici e poeti che stimiamo abbiano inteso premiare un «poeta mancato».

scopre una poetica il cui obiettivo è quello di partecipare al *male* e al *bene* del "suo" tempo e contemporaneamente di erigersene a giudice, secondo il metro dell'ideologia marxistica» (p. 167). Così, il Pasolini è un bravo poeta, perché serve con scrupolosa fedeltà l'ideologia ed il partito marxista. Sciocchi noi altri, che ingenuamente credevamo che la poesia qualche altra cosa...

PASOLINI «PORCILE» E FELLINI «SATYRICON»

Enrico Baragli S.I.

Porcile, di P. P. Pasolini, e *Satyricon*, di F. Fellini – programmati nell'ultima edizione della Mostra veneziana –, sollecitano, sotto più di un aspetto, un discorso comune.

Cominciamo dagli argomenti (o «soggetti»): tra i più sgradevoli, anche se meno compiaciuti, di quanti ne ricordi la storia del cinema.

Materia ingrata

Porcile si struttura in due racconti paralleli. Il primo, metastorico, cioè privo di coordinate tempo-spaziali, possiamo vagamente localizzarlo nel quattro-cinquecento cristiano. Uno strano eremita-troglodita (Pierre Clementi) vaga affamato in un deserto vulcanico, divorando erba, farfalle, serpenti. Passa per un campo di battaglia, si veste dell'armatura di un morto, affronta una specie di lanzichenecco, l'uccide, lo squarta, lo mangia. A lui si unisce un altro cannibale, più rozzo (Franco Citti); poi altri, una piccola tribù: violentano, trucidano e mangiano viandanti, uomini e donne, e ne gettano le teste nei crateri del vulcano. Allertata, l'autorità religiosa attira gli antropofaghi esponendo nudi, alle falde del vulcano, un ragazzo ed una ragazza. La trappola funziona. La banda, infatti, si precipita sulla preda, ma viene accerchiata e catturata dai soldati-inquisitori. Processo sommario e condanna a morte. Prima di essere legati a terra presso i crateri dei loro misfatti ed essere sbranati dalle fiere, tutti si piegano a baciare il crocifisso; meno l'asociale troglodita, che, pronunciando le sue prime, ed ultime parole, proclama: «Ho ucciso mio padre, ho mangiato carne umana e tremo di gioia».

 © La Civiltà Cattolica 1969 IV 421-429 | 2867 (6 dicembre 1969)

L'altro racconto si situa nella Germania di Bonn. Klotz (Alberto Lionello) è un paleo-industriale (voglio dire: un capitalista classico, una specie di Krupp), che vive – si fa per dire, perché si trascina paralitico ed impotente in una carrozzella – nella sontuosa villa (Stra), frutto dei suoi «affari» postbellici. Gli è rivale e concorrente il neo-capitalista Herr Ditze (Ugo Tognazzi). I due cercano di distruggersi l'un l'altro col ricatto. In uno scontro frontale si rinfacciano le infamie che i rispettivi *detectives* privati hanno scoperto.

Herr Ditze, in realtà, è un ex criminale nazista, che faceva collezione di teschi di comunisti-ebrei per l'Università di Strasburgo, mentre Klotz ha per unico figlio ed erede un giovanotto, Julian (Jean-Pierre Leaud), che, insensibile alle ragazze, se la fa soltanto' con i maiali. E il ricatto funziona, perché i due, invece di distruggersi rendendo pubbliche le rispettive infamie, decidono di fondere le loro ditte in una. Ma nel bel mezzo del fastoso brindisi della concordia, i contadini di Klotz recano ai padroni associati la notizia che il signorino Julian, recatosi al consueto incontro con i suoi porci, ne è stato divorato fino ai capelli ed ai bottoni. Sull'ordine di Herr Ditze di far silenzio sull'accaduto il film si chiude.

Satyricon, invece, si rifà all'omonimo romanzo attribuito a Petronio Arbitro, ambientato nella Roma corrotta dei tempi di Nerone. Personaggi principali ne sono i capelloni Encolpio (Martin Potter) ed Ascilto (Hiram Keller), che si contendono i turpi favori dell'effeminato Gitone (Max Born); nonché il vecchio poetastro e lurido imbroglione Eumolpo (Salvo Randone). I quattro lazzaroni vivono di espedienti: rubano, trescano, litigano, tradiscono, scroccano – e qui la famosa Cena di Trimalcione (Mario Romagnoli) –, fornicano attivi e passivi, passando per tutte le immaginabili combinazioni ed anomalie erotiche: nei postriboli della suburra, nei circhi di provincia, nelle terme, negli incontri casuali, in pubblica piazza, nella nave serraglio dei pervertiti Lica e Trifena e finalmente, naufraghi, sulla costa di Crotone, dove il frammento del romanzo petroniano li lascia.

È pacifico che nei film, come in ogni altra espressione umana, materia ignobile e personaggi ripugnanti non autorizzano automatici giudizi di disvalore e di condanna. Tutto sta a vedere da chi, con quale intento e come, siffatta materia viene trattata. La tratta lo storico, il sociologo, lo scienziato: ed essa cristallizza in dati di verità logica, emotivamente puri, campo di problematiche teoriche ed applicative. L'assume l'artista: e la trasfigura in termini di bellezza, sublimando ed illuminando la materia più pesante ed opaca. La tratta l'uomo amico e fratello: e la miseria più deforme diventa occasione di bontà, invito ed esercizio di misericordiosa compassione e di soccorso fraterno. La manipola l'incolto, il rozzo, l'affarista, che più o meno consapevolmente ne sia partecipe: e, specialmente nel cinema, il volgare diventa più volgare, il turpe più turpe, fatto oggetto di spettacolo compiaciuto e corruttore.

Onestamente, non è proprio quest'ultimo il caso di Pasolini e di Fellini. Come per altri loro film, oggetto di recenti e non recenti polemiche anche tra cattolici, per quanto sgradevoli possano essere i loro soggetti e dissacratori i loro personaggi, siamo ben lontani dalla volgarità gratuita e dall'oscenità compiaciuta, dall'erotismo teoretico e dalla pornografia gastronomica (com'è stata detta), in cui sguazza troppa produzione italiana, specialmente recente[1]. Tuttavia ci si chiede se nei due film la sgradevole materia venga in qualche modo depurata; in particolare – esclusa, ovviamente, l'ipotesi dell'indagine scientifica – se riesca a pienamente trasfigurarla il magistero dell'arte, oppure – se non proprio la *caritas* cristiana – almeno la *pietas* umana.

Arte decadente

Diremmo che in *Porcile* questa catarsi artistica si verifica in misura molto modesta. Intanto, pur nell'eccentricità dell'invenzione narrativa, quel che vediamo sullo schermo sa di stanco, di risaputo, rispetto ai precedenti cinematografici, nell'insieme non eccelsi, del regista. Deserti percorsi da folate profetiche, armature barbariche, paludamenti orrido-barocchi, messaggeri ricciuti, borghesi in catalessi, assalto e strage di carri con viandanti, compiaciuti imprestiti pittorici e musicali, preziosismi figurativi, movenze e fissità quasi rituali-liturgiche di

1. Perciò, in un certo senso, torna a loro merito se molti spettatori morbosamente ingordi – solleticati dalla fama di «osatori» dei due registi, dai titoli dei film e dall'imbonimento-adescamento della pubblicità – a Venezia hanno fatto, sì, ore di fila, pagando fino a 50.000 lire un biglietto al bagarinaggio, e poi in altre città d'Italia si sono precipitati, sì, alle primissime visioni, ma sono restati regolarmente delusi.

personaggi e di masse...: rimandano, volta a volta, a *Teorema*, a *Edipo Re*, a *Uccellacci*, al *Vangelo*... E non si tratta di costanti di un mondo poetico, stilemi che si ricreino per rinnovata esigenza lirica, ma, si direbbe, di manierismi intellettuali decadenti.

Ma soprattutto sembra impacciare Pasolini in ogni slancio di creatività fantastica il genere ermetico-parabolico anche qui da lui adottato dopo *Uccellacci* e *Teorema*. Sono note le ragioni che l'hanno indotto a questa scelta[2], né è il caso di discuterne la scarsa fondatezza sociologico-didattica. Rileviamo, tuttavia, il pericolo di un cinema spurio, quando le immagini, come qui avviene, comunichino poco o nulla nella loro trasparenza d'immagini, ma quasi soltanto propongono emblemi e simboli da decifrare. Una volta afferrata la «morale», ovvia, dei due apologhi: – la società capitalista-borghese («il porcile», cfr i disegni di Grosz) divora i suoi membri; la società *tout court,* punisce, eliminandolo, chi la contesta –, ecco che comincia il giuoco dei ritrovamenti. Marx, Freud e Brecht alla mano – come la napoletana «smorfia» per i numeri del lotto –, bravo è chi spiega che cosa significano la farfalla e il serpente, il vulcano e i suoi crateri, la coppia nuda esposta alle falde del monte... Notare diligentemente che il contestatore antropofago è sempre «nella natura», mentre «i porci-borghesi» si muovono (fare attenzione alla

2. «Per farmi capire devo ricorrere a Gramsci. Gramsci parlava in letteratura come d'un ideale di opere che lui chiamava nazional-popolari, idealmente dedicata a un popolo ideale, in un ambito puramente classista, come se il popolo si staccasse culturalmente dalla borghesia... Ora io, le mie opere, da *Accattone* a *Mamma Roma* al *Vangelo*, le ho composte con questa idea gramsciana in testa, volendo fare delle, grandi opere nazionali e popolari... in un certo senso mitiche, epiche..., capaci di entrare in consonanza... con i grandi pubblici popolari. Naturalmente i tempi sono cambiati e questo famoso popolo che Gramsci aveva in mente, e che anch'io avevo conosciuto... è andato lentamente cambiando..., ed ora non si può più fare in Italia..., dal momento che anche l'Italia è divenuta una nazione neocapitalistica, questa. netta distinzione tra popolo e borghesia... E allora, quando io faccio delle opere semplificate, epiche..., non ho più l'illusione che queste opere vengano lette o capite da un popolo nel senso gramsciano della parola, ma, purtroppo, oggettivamente... mistificate, alterate, alienate da una massa e dai mezzi di comunicazione di massa. E allora c'è stata in me una ribellione... per cui, anziché fare delle opere che mi illudessero di fare un'arte in qualche modo popolare... faccio delle opere ambigue, quasi per *élites*, estremamente difficili e rigorose, in maniera che siano il meno possibile consumabili dalla massa, e resistano il più possibile alle semplificazioni della massa» (Intervista di P. P. PASOLINI con PIERO SANAVIO, in *Il dramma*, 1969, n. 12, 81 ss.).

lunga carrellata di Klotz-Ferreri) nella sontuosità scenografica della società del benessere. Non vi sfuggano, per carità, i profondi significati dell'arpa toccata da Hitler-Klotz, e della birra di Tognazzi (da non confondere con la réclame di *Carosello!*). Non vi sfugga che i cannibali agiscono e non parlano, mentre i borghesi parlano parlano e parlano nell'immobilità (Krupp-Klotz paralitico in carozzella, e il suo degno rampollo in catalessi nel suo letto-baldacchino). Soprattutto fare attenzione al ragazzo-messaggero (Ninetto Davoli), rispolverando quel che in liceo avete studiato sul coro nella tragedia greca; egli, infatti, è il solo esplicito *trait-d'union* tra i due apologhi: *ha assistito* alla scena dei cannibali divorati dalle fiere, ma racconta al capitalisti, *senza averla vista*, la scena analoga di Julian divorato dai porci... Così continua il giuoco a incastri meccanici di analogie allusioni rimandi, tutto sommato, cerebrali. *Puzzle* fine a se stesso, ove la rabbia e la violenza della materia simulano l'ispirazione, tanto convenzionali risultandovi i simboli quanto perentori e gratuiti i miti ideologici del loro autore e regista.

Parte coincidenti e parte contrarie sono le riserve che su piano artistico sollecita *Satyricon*. Anche qui, infatti, ricorrono motivi piuttosto logori: solitari cavalli metafisici, pesci-mostri, navi fantasma, santoni asessuati immersi in lucori e umidori da cellophane, uomini o donne sospesi in aerei panieri, forme e atmosfere cubiste-fantascientifiche, l'immancabile sequenza, del circo, fumoni e fiammate, donne cannone, processioni di nere *silhouettes* monacali, maschere e mascheroni. Ma, anche a prescindere da questa stanca *summa*, siamo lontani dal migliore Fellini, quello, per esemplificare, dei *Vitelloni* e di *8½*. Abbandonato, per naturale esaurimento, il filone della scapigliata e provinciale autobiografia, si direbbe che temi più vasti – ricordare qualche episodio della *Dolce vita*, ma soprattutto l'enfiagione e sfocatura psicologica di *Giulietta degli spiriti* –, oltre che impaniarlo in cascami di culture da rotocalco, ne scatenino fuori misura la fantasia visionaria, a supplire l'ispirazione più autentica.

In questo senso il romanzo petroniano – nel suo stato frammentario, nel suo genere di *sàtura*[3] e con la sua, smisurata invenzione di eventi –,

3. È noto che il latino *satura* (onde *satira*), prima di significare il genere letterario moralistico-derisorio di debolezze e di vizi umani, significò *piatto farcito,*

sembra che sia stato come un invito a nozze, ma anche un trabocchetto, per Fellini. Il racconto «aperto», episodico, iniziato nella *Dolce vita* e portato avanti in *8½* e in *Giulietta*, qui tocca il massimo della disarticolazione. Senza un principio e senza una fine, gli imprevisti narrativi e figurativi si susseguono in un montaggio da spettacolo pirotecnico[4]. Solo che Petronio resta il letterato lucido – il tacitiano *arbiter elegantiae* – che domina la materia fantastica. Partecipa, personificandosi in Encolpio, a quanto va narrando, ma in uno stile realistico, distaccato, ironico, lasciando alla stessa volgarità dei suoi personaggi ed alle loro prosaiche avventure il compito di ridimensionare qua e là la manifesta epicità del tono. In Fellini, invece, raramente questo controllo interviene a dare armonia: – e solo allora si gustano le seguenze migliori: la lotta di Encolpio col Minotauro, la trafugazione e morte dell'Ermafrodito, il testamento di Eumolpo, il congedo e la serena morte dei due patrizi... – Invece, la cena-funerale di Trimalcione, che forse voleva essere il pezzo forte del film, diventa il più stracco e decadente, e dappertutto altrove regna il sovraccarico dei particolari mostruosi, l'espressionismo gridato, il giuoco compiaciuto di apparizioni caleidoscopiche, l'incubo di scenografie infernali, l'orgia di trucchi spropositati, di costumi e di acconciature barocche, l'allucinazione insomma di una fantasia psichedelica, parossistica, esibizionistica, fatta mito di se stessa; nell'insieme: un interminabile spettacolo onirico, che stordisce e frastorna, ma raramente si placa in forme di bellezza, sia pure orrida.

Umanità disperata

Ma, anche più che in valori artistici, i due film sembrano carenti in valori morali, l'uno e l'altro segnando nei loro autori un regresso nella comprensione e fiducia umana.

Nei primi suoi film, infatti, Pasolini si mostrava mosso da simpatia almeno verso una porzione di umanità: certo suo mitico sot-

guazzabuglio, miscellanea..., quindi anche componimento letterario comprendente prosa e versi, brani lirico-epici e comico-plebei, com'è appunto il *Satyricon* attribuito a Petronio.

4. Normalmente i film contano qualche centinaio d'inquadrature: sulle 200/300 i film «lenti», oltre le 500/600 quelli «veloci». La sceneggiatura di *Satyricon* (cfr il volume curato da D. ZANELLI citato più avanti) ne prevedeva più di 1200.

toproletariato, di cui prospettava possibile una «redenzione», sia pure in termini marxisti. Col *Vangelo*, sostanzialmente la posizione non cambia; tuttavia la mitologia di Pasolini si fa più semplificatoria e manichea: buoni sono, soltanto e tutti, i proletari; reprobi e scellerati, soltanto e tutti, i borghesi (fascisti). Il suo Gesù è lo inefficace fustigatore di questi e il velleitario redentore di quelli; il suo grido sulla croce: un urlo disperato per un'impresa fallita. Con *Uccellacci e uccellini* siamo alla crisi ideologica: marxismo o cristianesimo? Perdura, tuttavia, una certa sua tenerezza verso i semplici, siano essi i proletari, indifesi nella loro incoscienza di classe, oppure i «francescani», confidenti in una predicazione poetica ma socialmente inutile. In *Teorema* resta ben poco di quella sua *pietas* populistica, i «semplici» agendovi quasi soltanto come controprova della irredimibile putrefazione della società borghese, per traumatizzare la quale egli escogita un «possesso» anomalo, tanto più per essa ignominioso quanto apparentemente simbolico ed anodino.

Con *Porcile* – già il titolo è un programma – siamo allo svilimento più odioso dell'uomo. Nel mostruoso trio Klotz-Ditze-Julian, Pasolini compendia tutti i titoli della sua rabbia contro la classe borghese: paleo-capitalismo, ceffo hitleriano, impotenza e decadentismo in Klotz; neo-capitalismo, razzismo antiebraico, volgarità e lurida disponibilità collaborazionista in Ditze; non contestazione contro le storture prodotte dal suo mondo borghese, in Julian. Così non può essere che esemplare la rivincita dei maiali, che divorano il delfino di una società più maialesca della loro. Né Pasolini ha la mano più leggera nel primo apologo. Protagonista-eroe è l'asociale-parricida stupratore-antropofago-ateo; antagonista la società *tout court:* leggi-istituzioni-famiglia-religione-soldati. Questa lo punisce, come già il paganesimo con i cristiani, dandolo in pasto alle fiere. E le simpatie del regista vanno per il nuovo «martire» rousseau-freudiano (leggere *Totem e tabù*), il quale, morendo, non si smentisce: trema di gioia perché ha ucciso suo padre ed ha mangiato carne umana. Professione di fede, tutto sommato, risibile nel suo anarchismo cerebrale ed estetizzante. Tuttavia, rapportata al «martirio» cui la società borghese fatalmente conduce il suo maialesco rampollo, dà la misura dello scetticismo demolitore col quale Pasolini ormai vede l'uomo e la sua esistenza civile.

E Fellini? Non uomo da ideologie, ha tuttavia anche lui un suo tumultuoso mondo interiore, una sua – sia pure inconsapevole e cangiante – visione dell'esistenza umana, che puntuale affiora nei suoi film, siano essi autentiche opere d'arte oppure conati fantastici. Quale questo suo mondo? Una certa critica – di cattolici (soprattutto d'oltralpe), ma specialmente laicista e marxista (nostrana) – in alcuni suoi film ha intravisto misteriosi afflati, nostalgie ed attese religiose, e addirittura una "costante" cattolica. Diremmo che il pigro luogo comune, specialmente rispetto a questo suo ultimo film, non regge; siamo, infatti, allo svilimento più impietoso di ogni valore umano. L'umanità che Fellini ci presenta è l'orgia dell'orrido, il campionario inesauribile delle deformità umane. Deformità fisiche: gobbi, sciancati, guerci, obesi, disseccati, androgini, vecchie laide, donne sfatte, ceffi stregoneschi...: s'ammassano in una specie di mostruosa corte dei miracoli, di museo teratologico. E deformità morali, che superano, se possibile, il campionario di quelle fisiche: mimi e buffoni sconci, scrocconi triviali, ladroni e fattucchiere, lenoni, prostitute, lesbiche ed invertiti, ninfomani, cinedi, pederasti...: quanto già abbondantemente popolava la filmografia felliniana ed il racconto petroniano, qui diventa greve massa compatta.

Vero è che il regista, come già s'è rilevato, non insiste nei particolari più osceni e depravati, anzi introduce elementi che riducono a nauseabonda la sua fastosa farragine di sesso e di violenza. Tali il fumo e le nebbie; e il colore, quasi sempre spettrale, delle scenografie, per lo più notturne; il sudiciume e gli stracci di una Roma polemicamente opposta alla convenzionale retorica imperiale dei romanzi e del cinema; il senso sempre incombente della morte, che culmina nel testamento cannibalico di Eumolpo; la musica dilacerata in stridori e dissonanze... Resta, tuttavia, il suo, un mondo senza speranza, privo di una sia pur minima aspirazione di luce e di aria pura. Non c'è un Zampanò che si redima dalla sua *Strada* animalesca, volgendo per la prima volta gli occhi al cielo stellato; non una ragazza pulita che inviti, magari oltre il fiume invalicabile, ad una esistenza meno sciagurata i tristi eroi della *Dolce vita*; non una danza leggera di ragazzi che doni il sorriso a *Cabiria* scampata dalle sue tragiche notti, e neanche il poetico rondò dei personaggi di *8½* intorno alla rampa di lancio verso un viaggio fantastico...

In questa radicale nescienza di valori umani si direbbe che il «cristiano» Fellini arretri anche rispetto a quel poco di valido che c'era nel pagano Petronio: scettico epicureo, sì, ma schernitore della cafonesca boria dei nuovi *parvenus*, della cortigianeria di poetastri pitocchi, dei soprusi di tiranni e tirannelli; ed, a suo modo, moralista, che echeggia il *vanitas vanitatum* dell'Ecclesiaste col noto epifonema: «Se consideri la realtà delle cose, dappertutto è naufragio»[5]; e che, caduto in disgrazia di Nerone, si tagliò le vene dopo aver inviato al suo volgare alunno ed ex compagno di vizi il libello di tutte le sue nefandezze pubbliche e private[6]. Fellini gli rende omaggio nell'episodio figurativamente più semplice e liricamente più alto: il suicidio dei due patrizi nella villa di Cuma; ma omaggio esclusivamente estetico, privo del pur minimo cenno all'implicito germinale biasimo delle perversioni morali vissute e descritte dal suicida.

5. È quasi la chiusa della sua mattutina meditazione sul naufragio ed annegamento del terribile Nica: «... e allora riconobbi di avere quasi ai miei piedi quel Lica, che fino a poco prima era stato implacabile e terribile verso di me... ed esclamai: "Dov'è adesso la tua rabbia? dov'è la tua prepotenza? Ora sei proprio esposto al morso dei pesci e delle fiere marine; tu, che fino a poco fa eri tutto borioso della tua potenza, ora sei un misero naufrago e di tutta quella grande nave non possiedi neppure più una trave per attaccarviti naufrago". Andate, adesso, o mortali e gonfiate pure i vostri petti di grandi progetti; andate avanti guardinghi e fate piani per mille anni su quelle ricchezze, che avete con la frode carpito ad altri. Per esempio costui non più tardi di ieri fece il bilancio dei suoi averi; aveva perfino fissato in cuor suo il giorno del suo arrivo in patria... Eccolo qui quant'è lontano dal suo porto d'arrivo! Ma non sono soltanto gli oceani che mantengono in questo modo la parola data agli uomini... Se fai giusto conto della realtà delle cose, dovunque è naufragio!» (Petronio Arbitro, *Il satiricon*, trad. di A. Marzullo e M. Bonaria, Bologna 1962, 247).

6. Anzi, non si esclude che tutto il *Satiricon* sia la più intelligente beffa giocata a Nerone. Nota A. Marzullo (op. cit., XXI: «Invece di adulare Nerone e i potenti, pose termine a scrivere una sua rassegna nella quale, sotto il falso nome di gente perduta e di malefemmine, narrava stranezze e nuove dissolutezze di Nerone "e tale racconto, col proprio nome, fece consegnare, infine, al principe" [Tacito, *Ann.* XVI, 18 ss.]. Non possiamo dire se la parte superstite del *Satiricon* corrisponda a quanto Petronio avrebbe in vita compilato e negli ultimi giorni terminato per farsi beffa dei costumi dei suoi tempi e dei potenti, ma certo, essa se non è proprio una beffa contro Nerone, riesce, però, a presentare un tipo di villano rifatto, Trimalchione, che la fa da tiranno, che con un *edictum,* da vero principe assoluto... conclude burlescamente difficili situazioni e..., fingendo prima di dare libertà di scelta ai commensali, finisce poi col deliberare da sé. Egli ha simboli del potere, una corte e persino una Gazzetta ufficiale, e sa affermare qua e là una accondiscendente morale che è quella imposta dal padrone: *nec turpe est quod dominus iubet.* Anche quando non vi sia parodia..., troppo facile e naturale è il richiamo colla figura di Nerone e con quella di Claudio, quale appare nel *Ludus* di Seneca».

Una considerazione, ci sembra, mostra più deplorevole questo svilimento della situazione umana nell'ultimo film di Fellini[7]; ed è questa. Prima che Petronio si desse la morte (66 d.C.), Roma aveva già ascoltato la predicazione degli apostoli Pietro e Paolo[8] e, forse, lui stesso era stato testimone del martirio di quegli strani «contestatori» – schiavi, liberti e cittadini – che dal colle vaticano, fiaccole ardenti,

7. Ci limitiamo all'avvilimento della dignità umana attuato sullo schermo. Altro discorso, anche più severo, meriterebbe quello perpetrato a danno degli attori è comparse sul *set*, quando la libertà dell'artista sconfinì nella licenza dell'esibizionista. Chiedendo venia ai lettori, stralciamo questi appunti dell'attrice Betsy Langman dal volume *Fellini Satyricon*, curato da Dario Zanelli (Bologna, Cappelli, 1969, 94 ss.): «Notai che il trucco veniva usato per ingrandire o per accentuare le fattezze degli attori. I grassi erano resi più grassi, i magri più magri, i calvi più calvi, i nasi più lunghi risultavano più allungati e le bocche larghe più allargate. I visi erano tinti di rosso, blu, verde giallo... La piscina era riscaldata e con l'acqua che arrivava alla cintura. Gli extra, giovani e vecchi, grassi e magri, alti e bassi, calvi e coi capelli, belli e brutti, uomini e donne, indossavano tutti il bikini, le donne col seno coperto da un fazzoletto colorato. Ad un ordine entrarono tutti in fila nella piscina, come il bestiame in un recinto, gli uomini dietro e le donne avanti, e lì restarono ritti, massa umana compatta, nell'acqua e nella foschia... Non appena gli extra furono a posto nella piscina, Fellini annunciò col megafono: "Toglietevi il reggiseno!". Le donne sussultarono e gli uomini si misero a ridacchiare, poi le donne cominciarono lentamente a liberarsi dei fazzoletti. Notai che le più riluttanti erano le giovani. La maggior parte di loro tentava di coprirsi il seno con le mani o le braccia, alcune si abbassarono per stare sott'acqua... Gli uomini si sforzavano di vedere qualcosa di dietro... "Non copritevi!" muggì Fellini... Parecchie ragazze fra le più giovani e le più graziose dopo il primo giorno non tornarono più. Fellini chiamò uno degli invitati, un ometto grasso con il doppio mento... Gli disse di avviarsi verso la piscina, di sedere sul bordo e poi di scendere in acqua. Mentre l'uomo si preparava a farlo ci fu un cambiamento nelle istruzioni: "Nudo!". Quello arrossì, guardò in basso e appariva evidente che non era soltanto imbarazzato, ma veramente offeso. Aveva un corpo di struttura non comune: grasso e tozzo e con le gambe corte. Fellini gli si avvicinò, gli diede un colpetto amichevole... come dirgli: "Che importanza ha, fra noi due...". L'uomo fece quello che gli veniva chiesto. Rimase ritto, completamente nudo, di fronte alle centinaia di uomini e donne nella piscina. In un primo momento le donne indietreggiarono accalcandosi, ma poi cominciarono a ridere dimentiche della loro umiliazione. Io ero seduta lì vicino, ma evitavo di guardarlo, non solo perché mi spiaceva per lui, ma anche perché avevo paura di scoppiare e ridere e di allentare i nastri che mi tiravano gli occhi».

8. E, dato che la corruzione delle due città aveva lo stesso volto immondo, gli ammonimenti dell'apostolo Paolo ai Romani non dovettero differire molto da quelli rivolti agli abitanti di Corinto: «Attenti a non illudervi: né fornicatori, né idolatri, né effeminati, né quelli che giacciono con maschi, né ladri, né avari, né ubriaconi, né maldicenti, né rapinatori saranno eredi del regno di Dio. E tali eravate alcuni di voi: ma siete stati lavati, santificati, giustificati nel nome del Signore Gesù Cristo, e mediante lo Spirito del nostro Dio» (*1 Cor* 6, 9-11).

avevano illuminato la Roma neroniana. Ora, si può spiegare come la cosa – almeno stando ai frammenti che ne restano – sia passata inosservata all'aristocratico scrittore romano. Meno spiegabile, invece, è il silenzio del magico regista romagnolo.

Ma si tratta, poi, di silenzio, o anche di rinnegamento? – Pure a prescindere da certe dichiarazioni di Fellini[9], lo spettatore che ne conosca *l'iter* creativo propende piuttosto verso questa seconda ipotesi. Non può, infatti, dimenticare la *Dolce vita*, di una decina di anni fa, e considerarla un po' come l'omologo di *Satyricon*. I due film potrebbero agevolmente, con un montaggio alternato, come quello dei due apologhi di *Porcile*, ridursi in uno solo e spiegare l'uno i significati dell'altro, chiarire – con rimandi ben più trasparenti di quelli di Pasolini – il mondo insieme poetico-fantastico ed umano-amorale di Fellini.

Un mondo, appunto, dove la redenzione cristiana non è avvenuta, e l'annuncio della salvezza è ignorato, se non anche irriso; dove perciò l'uomo, rinnegatosi «figlio di Dio», scade da umano ad animale; ed il suo mondo diventa *Porcile*[10]. Un mondo in cui invano risonerebbe – come tanti secoli fa, in tempi, anche allora, di civiltà in declino –, la voce del romanissimo san Leone Magno: «Abbi coscienza, o cristiano, della tua dignità: sei stato elevato al consorzio della divina natura, non voler decadere nella bassezza della vecchia condotta. Ricordati di quale Capo e di quale mistico corpo tu sia membro. Ripensa che sei stato liberato dalla potenza delle tenebre e che sei stato trasferito nella luce e nel regno di Dio»[11].

9. È sempre pericoloso giudicare i film dalle interviste e dichiarazioni dei loro registi. Tuttavia, per conoscere quale sia il fondo morale-religioso-cattolico di Fellini conviene leggere quanto egli ha risposto ad alcuni intervistatori *sull'Espresso* del 23 febbr. 1969 (riportato in Pio Baldelli, *Cinema dell'ambiguità*, Roma 1969, 373 ss.), in *Panorama* del 25 sett. 1969, e in *Vogue* del giugno 1969 (riportato nel vol. cit. di Zanelli, 67 ss.).

10. L'immagine, prima di Pasolini, è del Salmista (48, 12): *Homo... comparatus est iumentis insipientibus...*». In una sequenza medievale, attribuita a san Bernardo, a proposito di monaci rilassati, viene ripresa così: *Consors quondam angelorum - Leges tenes iumentorum - Ipsis factus similis*; ed a proposito dei laici peccatori: *Sic est vita laicorum - Parum differt a porcorum - Consuetudinibus* (MIGNE, *PL* 184, 1327).

11. S. Leone Magno, *Sermo I de Nativ.* (MIGNE, *PL* 54, 192).

DAL «MEDEA» DI PASOLINI A «I CANNIBALI» DEI SUOI ALLIEVI

Enrico Baragli S.I.

I film di Pasolini non appartengono certo al genere scacciapensieri: ed è già non piccolo merito, in una produzione cinematografica che in evasione sempre più futile rozza e sudicia superabbonda. Ma i suoi film più recenti hanno un altro merito: quello d'indurre gli spettatori, che vogliano venirne a capo, a riesumare, dai ricordi più o meno remoti di scuola, i classici greci e latini. Tre anni fa *Edipo re* ci riportò a Sofocle; quest'anno *Medea* ci ha proposto la rilettura di Euripide e di Seneca (nonché di Corneille e del Niccolini, loro tardivi manipolatori o imitatori). Che poi alla rinfrescata culturale segua subito la comprensione dei film, è un altro discorso.

Il soggetto

Prendiamo *Medea*. Lo spettatore, previdente, comincia, a buon conto, col rinfrescarsi l'antefatto del mito risalendo agli Argonauti ed al Vello d'oro; ad appuntarsi che

nei tempi dei tempi, in Iolcos, regione della Tessaglia, centro d'irradiazione della civiltà greca, Pelia occupava il trono usurpato al nepote Giasone. Giunto questi alla maggiore età e reclamando il suo, lo zio gli impone di recargli il Vello d'oro, vale a dire pelle e lana dell'ariete sacrificato da Frisso nella lontana Colchide, custodita da un dragone che sbranava chi vi si appressasse. Giasone, dunque, con altri eroi, salpa da Iolcos sulla nave Argo, attraversa l'Ellesponto (i Dardanelli), giunge all'estremo orientale del Ponto Eusino (Mar Nero) e, con l'aiuto della selvaggia maga Medea, trafuga il vello. Il re Eeta, padre di questa, li insegue; ma Medea ne rallenta l'inseguimento uccidendone il figlio (e fratello proprio) Absirto, e disseminandone le membra lungo la via. Riapprodati gli Argonauti a Iolcos, Pelia non mantiene la promessa: Medea lo fa uccidere, tagliare a pezzi e mettere in pentola dalle sue stesse figlie.

Dieci anni dopo – e qui siamo nella *Medea* di Euripide – ritroviamo la maga nell'aristocratica Corinto, sposa di Giasone e madre di due figli. Ma il marito la ripudia per i begli occhi e la condizione principesca di Glauce, figlia del re di Corinto, Creonte; il quale Creonte decide di togliersela d'attorno condannandola all'esilio. Furente per l'oltraggio subìto dal marito e per la sorte destinata ai figli, la maga decide di vendicarsi di Giasone uccidendogli i propri comuni figli e la nuova sposa. Simulando di accettare la scelta fatta dal marito, ottiene da Creonte che il suo esilio da Corinto sia rimandato di un giorno. Allora, per mezzo dei propri figli, invia in dono alla principessa sposa una sopravveste ed una corona affatturate, che non appena indossate da Glauce, bruciano lei, ed il re suo padre precipitatosi in suo soccorso, in un unico rogo. Segue il duplice infanticidio dei figli di Medea, commentato dal rimprovero-lamento di Giasone e del coro.

Così preparato in mitologia greca, lo spettatore si asside avanti allo schermo. Ma subito s'accorge che doveva ripassare la materia più a monte: risalire cioè all'infanzia di Giasone, ed alla sua genealogia, tanto intricata che lo stesso Chirone – il centauro-pedagogo che discorre in apertura di film –, benché figlio di Crono, se la cava a stento. Anzi doveva, lo spettatore, istruirsi anche in sacrifici umani di fertilità, praticati, pare, nella mitica Colchide[1]. A parte ciò, il racconto procede abbastanza secondo il previsto, e lo spettatore più o meno ci si ritrova[2]; salvo quando Pasolini fa morire due volte Glauce e Creonte

1. E magari risistemare quanto credeva di sapere circa l'introduzione della patata nell'area del Mediterraneo. Nel film, infatti, Giasone e i suoi compagni argonauti cuociono, sbucciano e mangiano patate; ma queste, salvo errori, furono introdotte in Europa dal Cile dopo il 1580, e divennero cibo comune dal sec. XVIII.

2. Il film si articola in undici sequenze, o blocchi narrativi: sette nel primo tempo (1 - Il centauro Chirone e Giasone. 2 - Sacrificio umano di fertilità nella Colchide. 3 - Incontro di Medea con Giasone. 4 - Furto del Vello d'oro. 5 - Fuga degli argonauti e smembramento di Absirto. 6 - Imbarcamento degli argonauti. 7 - Loro arrivo a Iolcos); e quattro nel secondo tempo (1 - Propositi di vendetta di Medea. 2 - Prima morte di Glauce-Creonte. 3 - Seconda morte di Glauce-Creonte. 4 - Infanticidio).

– la prima, nell'immaginazione di Medea-maga, bruciati; la seconda, nel realismo razionale, precipitati dalle mura di Corinto – senza sufficientemente chiarire questa differenza con mezzi cinematografici.

Arte? Cinema?

Ma Pasolini regista non è un semplice narratore di storie, è un artista. Merita, dunque, che lo spettatore, venuto a capo del contenuto narrativo del film, se lo riveda un'altra volta per scoprirne i valori artistici.

Non è che *Medea* difetti di bellezze plastiche, ché, anzi, le preziosità figurative vi abbondano. Fotografia splendida: paludamenti, visi, colori, controluci, aurore e tramonti da esposizione. Angolazioni da album. Scenografie superbe: dall'incantata distesa palustre della Tessaglia centaurina (girata, pare, nella veneta Grado), alle mura massicce, alle arrampicate torri di Corinto; dall'elegante sinfonia bianco-verde del pisano Campo dei miracoli, ad una Colchide fantastica (girata, sembra, in Anatolia e in Cappadocia): con le inverosimili aeree abitazioni trogloditiche, emergenti da un paesaggio un po' rocce dolomitiche, un po' langhe emiliane e un po' mammelloni di Monserrat. Attori, soprattutto maschi, bellissimi, accarezzati a lungo dall'obiettivo[3].

Ancora: un sonoro «prezioso»: nei, suoi lunghi silenzi sospesi; nelle cólte conferenze del centauro, «incavallato» o meno; nelle musiche esotiche: africane, persiane, giapponesi, tibetane... La composizione narrativa è tutta un contrappunto ingegnoso di corrispondenze, contrapposizioni, rimandi. A parte la doppia morte di Glauce-Creonte, e la doppia apparizione di Chirone (con e senza cavallo) che apre i due tempi: Medea, con un cerimoniale barbaresco entra nel santuario trogloditico, e con un altro, civile-borghese, nel palazzo corinzio; quivi essa cade a terra tramortita, com'è caduta una prima volta nell'antro del Vello; esamina, nudo, dalla testa ai piedi, dopo l'amplesso sotto la tenda, il suo Giasone-amante, e lo riesamina, paludato, dai piedi: alla testa, fedifrago, dopo l'amplesso

3. E mettiamoci pure una plausibile Callas, anche se è da supporre che se la sarebbe cavata meglio come cantante nella *Medea* di Cherubini, che non come attrice in questa *Medea* di Pasolini.

nel suo palazzo. Un fuoco purificatore chiude il sacrificio umano di fertilità dell'inizio, e un altro fuoco purificatore segue l'infanticidio-riparazione del finale...

Tu rilevi, annoti, magari ammiri: e tuttavia non partecipi. Ti chiedi perché, ed avverti che tante preziosità sono disposte a freddo, da un Pasolini compiaciutamente intellettuale, decadentemente aristocratico, scarsamente ispirato. Scopri, inoltre, nel film un continuo ricalco di «luoghi» pasoliniani.

Prendiamo, per esempio, la struttura narrativa: c'è lo stesso ribaltamento dal mito greco ai nostri giorni che in *Edipo re* e lo stesso urlo finale che in *Edipo re* ed in *Teorema*; torna il racconto parallelo di *Uccellacci e uccellini*, di *Porcile*; e, come in *Porcile,* torna il contrasto tra il silenzio (cinema muto) di una natura primitiva-pulita-sacrale, e il sermonare (cinema logorroico) di una civiltà artificiata-corrotta-borghese. Prendiamo il materiale plastico e figurativo: torna, come in *Porcile* e in *Edipo re*, il carro assaltato dai predoni; come nel *Vangelo,* torna, nel ruolo di madre-prefica, la madre del regista; torna il vento furioso che già ha soffiato nel *Vangelo* e in *Teorema*; tornano, soprattutto, le commistioni, volutamente anacronistiche, di stili architettonici, del *Vangelo,* i paludamenti enfaticamente barbareschi, in contrasto con quelli enfaticamente elaborati, («alla Fellini»?) dei notabili-borghesi, nonché il parallelo-contrasto tra tuguri e palazzi, già visti nel *Vangelo,* in *Porcile,* in *Edipo re.* Prendiamo, finalmente, la regia propriamente detta: ecco i soliti movimenti di masse su comando; il solito procedimento cerebrale di pezzi narrativi slegati, a modo di diapositive, sicché godi quando t'imbatti in sequenze – quali quella dell'inseguimento di Medea da parte di Beta, o del rituale bagno-infanticidiò finale – dove il ritmo narrativo si fa spontaneità, verità, poesia. Ecco, ancora, le lente carrellate e panoramiche su gruppi immobili, su volti inerti, smaccatamente «veri», con lo sguardo in macchina, fissi in un ridere, espressivo non sai di quale sentimento o significato.

Formuli l'ipotesi che si tratti di costanti stilistiche di un poeta, il quale si esprima in moduli ricorrenti, sì, ma sempre rinnovati come avviene in Dreyer, in Bresson, in molto Bergman – da un genuino valore fantastico. Ma propendi a scartarla, questa ipotesi, quando rilevi che qui, come spesso altrove in Pasolini, si tratta di «cinema» spurio, probabilmente conseguente alla molto discutibile sua teoria sul «linguaggio» cinematografico[4]. Nei suoi film, infatti, egli raramente concepisce e si esprime da cineasta, cioè *in* e *con* immagini; per lo più egli vede e concepisce da uomo di lettere, in segni e strutture verbali – magari poetiche –, che solo in un secondo momento cala in immagini. Concezioni e visioni letterarie risultano quindi come *vestite* dalle immagini, magari lussuosamente: non risolte in esse. Tecnicamente, in quanto duranti con tempo interno, sono senz'altro immagini *cinematografiche;* in realtà continuano a rimandare a contenuti letterari; anzi, soprattutto quando i film si strutturano in allegoria, – come, dopo *La ricotta* e *Uccellacci*, *Porcile* e *Teorema,* è il caso di questo *Medea* – personaggi e vicende, composizione, dialogo e il resto, non valgono quali segni in sé risolti, bensì quali simboli, emblemi, quando non anche quali crittogrammi, da decodificare.

In questa situazione, è vano cercare nei personaggi consistenza coerenza o sviluppi psicologici. Medea e Giasone, Creonte e Glauce, con la loro fissità dipinta, sono fastosi manichini, che non dicono nulla perché si prestano a significare ogni cosa: come le musiche esotiche del film, belle in sé, se chiudi gli occhi, ma quasi sempre gratuite interpretabili *ad libitum*, se li apri. Il centauro quadrizampe, con tanto di (sola) coda che si muove, «vero» come convenzione teatrale, filmicamente sa di falso; e di teatro cinematografico sanno i due veristici fantocci di Glauce e Creonte che precipitano dalle mura di Corinto, nonché le donne che, su comando, arrancano su e giù per il vestibolo accompagnando litanicamente (è il coro greco?) Medea che declama i suoi propositi di vendetta; per non parlare degli anatoliani e dei cappàdoci, vestiti da arcaici colchidesi, ma spavaldamente moderni; e dei due figli di Medea, compiaciutamente caravaggeschi, che (come i ragazzi del *Vangelo*) pare che ridano della loro stessa recitazione: questi e quelli ripresi non come *personag-*

4. Per una critica alla teoria pasoliniana del «linguaggio» cinematografico, cfr E. Garroni, *Semiotica ed estetica*, Bari 1968, 14; G. Dorfles, «Morfologia e semantica della pubblicità televisiva», in *Pubblicità e televisione.* Torino. ERI-RAI. 1968. 179 ss., il quale cita A. Sychia e U. Eco; Ch. Metz, *Essais sur la signification au cinéma*, Parigi 1968, 201, 208, 216. A proposito si legge con utilità la lettera aperta «*Come risolvere il problema del naturalismo nel cinema*», in cui il regista C. Lizzani chiede a Pasolini: «È possibile, con lo strumento "pellicola e-suono" operare sul passato senza cadere nel naturalismo o nell'intellettualismo o decadentismo?» (in *Cinema nuovo*, 1970, n. 204, 96).

gi filmici, ma addirittura come *attori* diresti in «foto di scena». A questo punto viene il sospetto che Pasolini, pretestando più o meno reconditi significati, finisca col prendere un po' in giro il pubblico ingenuo, come quando nel *Vangelo* e in *Uccellacci* evoca riconoscibilissimi squadristi fascisti tra gli scherani di Erode o nella ducentesca Umbria di san Francesco.

Un po' deluso del film, se rilegge Euripide, lo spettatore dice: Questa è arte! Eppure, ignorato ogni antefatto meraviglioso ed ogni accessorio, l'azione, se azione c'è, vi è ridotta all'osso. Tutta la tragedia è, più che altro, un monologo. Medea è sempre sulla scena, e la riempie da sola. Non tra i personaggi, ma dentro di lei infuriano le passioni: amore gelosia rabbia vendetta, di donna, di sposa, di madre: tradita irrisa esiliata. Una *pietas* immensa ispira il suo parossistico e pur sobrio monologo che precede la strage; e la strage stessa, non eseguita sulla scena, ma raccontata dal nunzio con tutte le risorse di Euripide oratore e pittore, è un concentrato di orrore tragico difficilmente superabile.

Naturalmente, lo spettatore non fa carico al regista di non aver emulato, tanto meno di non aver raggiunto col mezzo cinematografico, l'arte di Euripide[5]. S'induce piuttosto a considerare la *Medea* di Pasolini non tanto come film *a tema* (poetico) quanto come film *a tesi* (ideologica); ed a cercare perciò quale ne sia il «messaggio», e se sia valido o meno.

Quale «messaggio»?

Che, a differenza della tragedia euripidea – esclusivamente psicologico-personale di Medea, senza contrasti di cultura-civiltà – il film di Pasolini contrapponga due mondi socio-etnologici, pare ovvio; del resto, lo stesso regista, già in fase di elaborazione del film, l'aveva pre-

5. Tuttavia, pur non tentando assurdi confronti, più di un critico l'ha giudicato un capolavoro o quasi. Così, su *Le Monde* (31 genn. 1970), J. De Baroncelli; né fa meraviglia a chi conosce i facili entusiasmi di certa critica francese. Così anche MET, in *Note schedario* (28 genn. 1970), scrivendo: «Tutto ciò contribuisce a fare della *Medea* pasoliniana un'opera d'arte notevole nel senso della forma e del contenuto. È una dimostrazione che Pasolini riesce veramente ad accostarsi ai "monumenti" letterari, oltre che con animo appassionato, con lucidità poetica geniale e creativa»: giudizio che riteniamo discutibile come l'affermazione che «la *Medea* pasoliniana non si discosta dal testo euripideo» (*ivi*, 15).

cisato[6]. Nel primo tempo – silenzioso, dai panorami «natura» ampi e mossi, dagli abbigliamenti arcaici e dai riti agresti – l'Oriente asiatico: primitivo-barbarico, credente-animista, passionale; nel secondo tempo qua e là verboso, a colori violenti, dalla scenografia artefatta e per lo più in interni, dagli abbigliamenti lussuosi e sofisticati, e dal cerimoniale laico – l'Occidente mediterraneo: evoluto-cittadino, razionalista-scettico, convenzionale-calcolatore. In apertura di ogni tempo: il centauro Chirone; ma più mitologico animale, che umano quando, nella laguna tessalica, fa da pedagogo al Giasone bambino «innocente»; e più uomo razionale che mitico animale, insomma «sconsacrato», quando, nel Campo pisano, ragiona con Giasone adulto e conquistatore sacrilego. Tra i due mondi: Medea, espressione del primo, ma che, presa d'amore per Giasone, frutto del secondo, gli si dà tutta, tradendo riti, costumi, famiglia. Sradicata dal suo ambiente sacro si sente estranea nella nuova terra. Per dieci anni s'illude che l'amore possa farle dimenticare quanto ha tradito; ma il tradimento calcolato di Giasone la disillude. Allora si vendica togliendo tutto a Giasone, marito e padre. Ritorna ai suoi miti, ai suoi riti, ad invocare il Sole, padre di suo padre, prima di uccidere – in un terzo sacrificio, questa volta riparatore – i frutti della sua passione delusa. Questi saranno «il nuovo seme che rinasce», come lo fu il giovane sacrificato per la fecondità di una natura vergine, mentre a Giasone scettico calcolatore resterà il tormento del rimorso, che già gli ha tolto la sposa Glauce ed il re Creonte.

Tutto chiaro: questa è la referenza esplicita. Ma quale il significato inteso da Pasolini? Forse il suo travaglio interiore tra il razionale e l'irrazionale? Forse la sua nostalgia per un mondo-natura, «innocente», e la sua avversione contro il disumano della civiltà industriale-borghese, già presenti in *Uccellacci*, in *Teorema*, in *Porcile*, in *Edipo*

6. «L'elemento centrale – specifica Pasolini – è appunto nella contraddizione di due mondi, quello religioso e sacrale che Medea reca con se dalla Colchide, dal suo ambiente barbarico, e il mondo laico, tecnico e ricco, che invece trova a Corinto. Nel film il sentimento profondo che la induce a far morire la fanciulla che deve essere sposata da Giasone e ad uccidere gli stessi figli amati da Giasone, non nasce da uno spasimo di vendetta, razionale e ragionato, come è in Euripide, ma da un lungo sogno in cui ella torna alla sua infanzia, alla sua fede, alla valutazione in cui venne educata della realtà del mondo quale estrinsecazione della sacralità. In questo sogno, il lungo monologo quale estrinsecazione della vendetta sarà recitato dalla Medea-Callas in greco antico, e il pubblico lo seguirà attraverso i sottotitoli» (*Cinema nuovo*, 1969, n. 199, 167).

re? O forse – dato il manifesto parteggiare del regista per Medea, parallelo al suo identificarsi con Edipo – un suo furore contestativo per distruggere dal didentro «il sistema», come già in *Teorema* e specialmente in *Porcile*? Siamo, insomma, all'espressione *solitaria* di uno stato d'animo, anziché al film-*comunicazione*, quale ci si attende nel normale cinema-spettacolo? Non si esclude.

Però, sulla scia degli ultimi film del regista, lo spettatore tende a leggere, anche in *Medea*, un'allegoria vera e propria; quindi a vedere i suoi personaggi ed eventi come strettamente emblematici di una realtà sociale concreta, odierna. Non, ovviamente, quella del sottoproletariato romano, esaurita dal primo Pasolini; e neanche quella «sociale» in senso marx-gramsciano, da lui sfiorata nel *Vangelo* e, pare, archiviata col «*Boh!*» di Ninetto nel film-dibattito *Uccellacci e uccellini*; ma, probabilmente, una problematica storico-sociale a respiro più universale, quale, per esempio, quella delle interazioni-degradazioni che si verificano nella convivenza di civiltà-culture di dominatori con civiltà-culture di soggiogati, di minoranze evolute con maggioranze barbariche, di società industriali con proletariati preindustriali, già trattata dal Toynbee[7].

Tuttavia, nella *Medea* pasoliniana la contrapposizione tra i due mondi insiste quasi soltanto sull'aspetto sacrale-religioso-mitico e sul suo opposto; s'affaccia, allora, allo spettatore l'ipotesi che la chiave dell'allegoria, o almeno il terreno in cui essa nasce, vada ricercata davvero, come qualche critico ha suggerito, – oltre che nelle considerazioni psicanalitiche dello Jung –, nel *Ramo d'oro* del Frazer[8] o nei volumi di storia delle religioni di Mircea Eliade[9]. Lo spettatore malcerto sa bene che chiedere *ad un artista* cos'abbia voluto dire con una sua creazione non è la via giusta per comprenderla. Tocca a lui, se l'opera è valida, mettersi in sintonia con essa e «sentirla» quale l'artista l'ha espressa. Ma sa pure che chiedere lumi al regista di un *film a tesi,* quando questo sia scarsamente decifrabile o quando le sue proprie risorse siano limitate, è legittimissimo. Nel caso nostro, però, Pasolini finisce di disorientarlo del tutto.

7. A. J. Toynbee, *A study of history*, Londra 1934 ss (in *Civ. Catt.* 1952 I 644-654).

8. Torino 1950 (in *Civ. Catt.* 1951 I 562).

9. Forse il *Trattato di storia delle religioni*, Torino, 1954; *Il sacro e il profano*, Tonno, 19,57; *Mito e realtà*, Torino, 1966 (in *Civ. Catt.* 1951 I 562).

Pare, infatti, che abbia dichiarato di aver voluto significare, in *Medea,* l'attuale contrasto tra Terzo Mondo ed Occidente[10]. Francamente, se lo spettatore, magari in una terza visione, riesamina il film, non nega che, a spiegazione data, l'uno o l'altro elemento dell'allegoria avrebbe anche potuto servire questa tesi; ma non gli riesce di ammettere che di fatto la convalidino, né che in qualche modo vi alludano. Finisce così col sospettare che le oscurità del film dipendano, non tanto da profondità di significati, quanto da una tematica affastellata, non decantata, dispersa, oltre che da deficienze narrativo-espressive; e si conferma, lo spettatore, in un giudizio su Pasolini regista, già suggeritogli da altri suoi film.

Si direbbe che in lui l'intellettuale, oltre che soffocare il poeta, confonda pure l'ideologo. Se, infatti, gli elementi ed i contrasti figurativi e sonori, tutti spavaldamente «belli», scadono in estetismo, il simbolismo eccessivo degrada in bizantinismo. Certo: lo spettatore non nega i meriti del regista che così contesta gli *standards* sterilizzati ed idioti di tanto cinema di consumo che gli viene ammannito; ma si chiede se la contestazione più efficace sia proprio quella di proporre agli spettatori, come spettacolo normale, rarefatte preziosità ed ingegnosi rompicapo[11].

10. Così E. Regogliosi e E. Escobar, in *Incontri al Centro Culturale S. Fedele,* febbr. 1970, 108 e 110. *Lo stesso, come ipotesi,* J. De Baroncelli, in *Le Monde,* cit.

11. È lo stesso rilievo che una parte della critica ha mosso a proposito di *Porcile,* film, tutto sommato, molto meno difficile di questo. Vero è che il regista s'è difeso dando dell'ignorante ai critici: «Io non discuto la libertà dei critici di esprimere la loro opinione e il loro giudizio. Discuto sul loro diritto di non capire e di dire di non capire. Perché questo diritto non lo hanno: e, se se lo prendono, mancano al più elementare rispetto per l'autore» (cfr *Tempo,* 1969, n. 40, 33). Ma giustamente D. Meccoli ribatteva in *Epoca:* «Il ragionamento di Pasolini poggia su un sillogismo: il critico ha il dovere di capire l'opera di un autore, quindi il critico ha il dovere di capire *Porcile.* E, ancora una volta, egli riassume ciò che v'era da capire in questo film, a suo parere, "cristallino". L'insistenza è di per sé sospetta. In ogni caso si può controbattere che il dovere dell'autore è di farsi capire, e il dovere del critico libero e responsabile è di fargli capire che non vi è riuscito. Chi non ha le idee chiare – scriveva press'a poco Emilio Cecchi, – si difende con l'oscurità dei concetti, con la preziosità dei vocaboli, con il fumo delle astruserie. È il caso di Pasolini che, dopo essere arrivato all'essenzialità e alla chiarezza – allora sì, cristallina – del *Vangelo secondo Matteo*, è andato via via inviluppandosi in un simbolismo sempre più nebbioso, forse per meglio mascherare le proprie contraddizioni, i propri problemi personali e forse anche l'esaurirsi dell'ispirazione. Fino a *Teorema* si poteva seguirlo, comprenderne i tormenti veri o presunti, ricercare significati a monte o a valle. *Porcile* passa i limiti della sopportabilità... Del resto, quando si realizzano di proposito film "difficili" per

Dal religioso al sacrale, o viceversa?

Resta da vedere a quale visione religiosa sia approdato Pasolini in quest'ultimo film: sempre che si tratti di approdo e non, come crediamo, di lenta e sofferta ricerca ancora in atto.

Assente, salvo sviste, in *Accattone* (1961), il cristianesimo si fa presente in *Mamma Roma* (1962) con un prestito pittorico: il disgraziato figlio di una prostituta, legato supino sul tavolaccio del carcere, ha la posizione esatta del *Gesù morto* nel famoso scorcio del Mantegna: non, quindi, il Cristo-Dio che, secondo la dottrina rivelata, fa suoi, sublimandoli e redimendoli, i dolori e le miserie degli uomini, bensì l'Uomo-sottoproletario, che, vittima della società, compendia su di sé, reali, le sofferenze della (mitica?) Vittima divina. Lo schema si ripete, ampliato, partendo dalla *Crocifissione* di Antonello da Messina, nell'ambivalente *La ricotta* (1963): che si può leggere, ugualmente bene, o come denuncia dello sfruttamento del sacro in funzione di spettacolo laico da parte del cinema-civiltà borghese, o come umanizzazione-socializzazione del sacro (mitico?), individuandovisi nei proletari, affamati e disgraziati, i reali-storici «crocifissi», e nei cinematografari-borghesi i loro reali-storici crocifissori.

Col *Vangelo secondo Matteo* (1964) siamo al ribaltamento totale del Cristo-Messia nel Cristo sociale. Non figlio di Dio, non preannunciato dai Profeti quale redentore e riconciliatore dell'uomo fattosi, col peccato, nemico di Dio ed escluso dalla Sua visione beatificante, Gesù vi è il denunciatore delle ingiustizie sociali, il fustigatore dei grandi e dei potenti che ne vivono, vittima indifesa lui stesso di una società borghese. Sotto la sua Croce, perciò, non piange la Madonna, Madre di Dio, simbolo e portatrice dei dolori di tutte le madri, bensì una madre tutta e solo umana – la madre del regista – che porta in sé tutte le sofferenze dell'Addolorata; il grido di Cristo morente è quello di un disperato sull'inutilità sociale delle sue parole e del suo sacrificio; ed, alla sua morte, non il velo del Tempio si straccia, ad indicare l'adempimento delle profezie messianiche e l'avvenuta redenzione, bensì crollano i tuguri polverosi dei poveri,

sottrarsi al condizionamento della cultura di massa (dichiarazione fatta a Grado) si corrono certi rischi. Ma ciascuno ha le proprie idee sulla funzione della cultura e non si può proibire a Pasolini di averne una concezione aristocratica» .

con l'auspicio che dalle loro macerie sorga l'attesa Città Terrena di giustizia sociale.

Ma non ci si avvicina impunemente alle pagine del Vangelo. Opera, ancora, in esse, «viva, attiva e più penetrante di una spada a due tagli» *(Hebr* 4, 12), la Parola, con una sua efficacia, si direbbe, sacramentale. Anche in Pasolini, già in *choc* ideologico per la morte di Togliatti, essa dovette penetrare «sino alla divisione dell'anima e dello spirito..., discernere pensieri ed intenzioni del cuore» *(ivi).* Fatto sta che in *Uccellacci e uccellini* (1966) il Vangelo non è più visto da lui come un apporto, bensì come un'alternativa, all'ideologia marxista, e non solo per la soluzione dei problemi sociali, bensì anche per i più vasti problemi esistenziali. Purtroppo, al dilemma, i due personaggi rispondono col «*Boh!*» sopra ricordato, sicché pare che a loro, ed a Pasolini con essi, non resti altro che proseguire incerti verso l'ignoto. Infatti, con *Edipo re* (1967) ogni confronto tra le due (per lui) «ideologie» pare accantonato. Non pago del materialismo marxista e non aperto allo spiritualismo cristiano, il regista cerca un senso all'esistenza umana rifacendosi agli schemi della psicanalisi freudiana ed esplicitando un tal quale valore «sacrale» della natura, e dell'uomo in essa, più o meno latente in tutti i suoi film. È una specie di panteismo, più poetico che ideologico, più emozionale che razionale: d'infanzie, di costumi arcaici, di istinti pre-civiltà, visti in una luce magico-mitica, evocati con la nostalgia di un Paradiso perduto.

Dopo la parentesi di *Teorema* (1968) e di *Porcile* (1969), film a tema-tesi critico-demolitrice della società sconsacrata-borghese, in *Medea* riaffiorano elementi storici caratteristici del cristianesimo: ancora presente, pare, in Pasolini, come emblemi di «la religione» *tout court*; e riaffiorano, appunto, come degradati, o da degradare, in «*sacrali*». Santi, Madonne e croci dipinte ornano l'antro barbarico di Medea e le grotte rupestri simili agli eremi degli anacoreti orientali; la cattolicissima pisana Piazza dei miracoli rende la «civile» Corinto di Creonte e di Giasone: disumana sovrastruttura che, secondo il centauro Chirone, è da distruggere per reinstaurare «un rapporto di tipo religioso con la realtà»: non natura rozza, ma in se stessa «divina», bastante dunque per vivere una «religione» in senso pasoliniano; un sacrificio finale, riparatore di una colpa originaria, è presentato quale condizione per riportare l'uomo ad un suo originario, autentico, rapporto col «sacro».

Come non rilevare l'ingrandire, nel regista, di un mito, proprio mentre egli tenta di smitizzare le radicali esigenze umane di ogni vera «religione», e la verità storica del cristianesimo che a quella dà la risposta più piena?

Postilla

Pasolini ha fatto scuola. Ma, come avviene, i discepoli non eguagliano il Maestro nelle virtù, mentre ne sopravanzano i difetti. Così abbiamo *I cannibali* (1970).

Infatti, anche questo è un film-allegoria[12]; e si rifà ad una tragedia greca, l'*Antigone* di Sofocle, ribaltandola ai tempi nostri: una donna, Antigone appunto, si rifiuta di rispettare l'ordine del tiranno di non seppellire i morti, e perciò viene giustiziata.

C'è un personaggio, il «figlio del padrone», ridotto ad animale: fratello gemello di quello di *Porcile*; e c'è un enigmatico «celeste inviato»,

12. Tra le ombre comuni a *Medea* e a *I cannibali,* non ultima è quella del frequente ricorso al già visto altrove; ma mentre *Medea* torna ai «luoghi deputati» dello stesso Pasolini, *I cannibali* annette stilemi, simboli e contenuti figurativi di altri autori: dal Godard di *Alphaville* al Brooks di *Marat-Sade*, a Buñuel ed allo stesso Pasolini. Su piano contenutistico-ideologico commenta *Cinema nuovo* (1970, n. 206, 298): «Il risultato è un'allegoria generica e indeterminata, senza spessore e mordente, che non ha davvero molto da dirci. E infatti, quando tenta di dirlo, la Cavani è costretta a forzare pesantemente, con maldestre intrusioni didascaliche, l'inerzia delle situazioni. Né le cose vanno meglio sull'altro e più decisivo versante dei "ribelli" visti come gli "eletti" e i profeti di una religione giovanile di rivolta e di pietà, carichi di echi e di contaminazioni indigeste, che pencolano tra il "grande rifiuto" degli orecchianti marcusiani... e il recupero di un cristianesimo dissenziente e messianico... Si deve aggiungere che il velleitarismo de *I cannibali* è della specie meno accettabile, perché non nasce da generosa intemperanza e allegra incoscienza dei propri limiti, ma da una tetra presunzione di rigore e profondità. Il fallimento è implicito nella pretesa di raggiungere, attraverso una serie di "stazioni" esternamente simboliche, ciò che in altri autori è stato e continua ad essere l'esito, e sia pure provvisorio e parziale di un discorso sofferto e davvero sperimentato». Ovviamente, nel suo nuovo clima socio-politico, dissente la rivista *Cineforum* (1970, nn. 92-93, 121 ss.) col panegirico-difesa-ditirambo di A. Guardincerri, I. Moscati, L. Bardelli e S. Scandolara. Plaude – e *pur cause!* – la marxista *Cinema* 60 (1970, n. 77, 78) ad un cristianesimo che sostituisce «all'anacronistico dizionario della preghiera il lessico di una più attuale fisionomia progressista», ed alle nuove leve «protagoniste nella continuazione di un discorso in parallelo già da tempo iniziato con i coetanei marxisti».

che rifà il verso a quello di *Teorema* (nonché all'inviato del buñueliano la *Via lattea*). C'è poi la contestazione globale contro la società odierna, rea, pare, non tanto di non assicurare condizioni umane ai vivi, quanto di lasciare dissepolti come cani i morti: ma con mano ben più pesante che non in Pasolini, contro i suoi esponenti più qualificati: governo, burocrazia, polizia, soldati, preti. Se Pasolini non scarseggia in nudità, qui, specialmente di maschili, se ne fa scialo: e sono meno «poetiche» e più gratuite di quelle del Maestro. Lo stesso discorso va fatto per l'accozzaglia di simbologie, se possibile, anche più rompicapo, in convalida di caotiche tesi sociali; e per la profusione di rimandi e di simboli cristiani: dal «compagno» estraterrestre al pesce-*Ictus* che ne è la firma; dall'uva al pane (e salame) eucaristico; dalla bianca colomba, alla tovaglia d'altare buttata in aria per coprire nudità femminili, al tabernacolo (abitato da topi), alla catacomba o Santo Sepolcro che sia...

Ugualmente confusionario, e sotto qualche aspetto più radicale, il degradamento su piano di religione. A quello del «religioso» in «sacrale» del regista «ateo», corrisponde, in una regista cattolica, il degradamento della religione di Cristo ad un vago dovere umanitario, tra coscienza precordiale ed imperativo categorico; il tutto in un tono astioso, poco confacente, in verità, ad un «messaggio» che, salvo errore, vorrebbe essere di amore umano, e con punte di volgarità polemica ignote, oltre che al senso estetico, al comportamento civile di Pasolini regista. Tra gli zimbelli presi di mira – dopo le sarcastiche caricature pontificie del *Galilei* – non manca il Papa. Biancovestito ed in pantofole rosse, egli avanza, benedicente, in una strada di Milano, tra morti in putrefazione, seguito da un'autobotte della Nettezza Urbana, che li innaffia[13].

Che un film tanto confuso e «coraggioso» rechi la firma di Liliana Cavani, regista, e di Italo Moscati, sceneggiatore, non può che dispiacere.

13. Circa l'aspetto morale-religioso il CCC ha dato questo giudizio: «Il discorso dell'A., scopertamente ambiguo, è aggravato dall'assenza di un ideale qualsiasi che appaia come molla di ribellione contro gli abusi del sistema. All'impostazione anarcoide e sovversiva – che coinvolge in un'unica accusa situazioni deprecabili e interessate mistificazioni insieme ad atteggiamenti ed ambienti religiosi (ad es., la grottesca benedizione ai cadaveri del sacerdote vestito di bianco) – va aggiunto il compiacersi lungamente di situazioni e scene, del tutto gratuite e sconvolgenti, tali da rendere il lavoro negativo – IV».

TESTIMONIANZE SU PASOLINI

Virgilio Fantuzzi S.I.

Lo scrittore e regista cinematografico Pier Paolo Pasolini non cessa di far parlare di sé a più di 18 anni dalla sua tragica morte, avvenuta il 2 novembre del 1975. Nei mesi scorsi sono giunti contemporaneamente nelle librerie tre libri, scritti da tre suoi amici (Giuseppe Zigaina, Enzo Siciliano, Nico Naldini) che illustrano aspetti meno noti della sua biografia, basandosi su testimonianze dirette.

Lacrime di pentimento

Legato a Pasolini da un'amicizia che risale ai lontani anni Quaranta, il pittore friulano Giuseppe Zigaina ricorda che nell'ottobre del 1970 il regista, allora impegnato nelle riprese del film *Decameron*, lo convocò improvvisamente per affidargli il ruolo del «santo frate» che viene chiamato d'urgenza al capezzale del morente ser Ciappelletto, protagonista del la prima novella del libro del Boccaccio al quale il film è ispirato.

«Fin dal mio arrivo a Bolzano, dove si girava il film – narra Zigaina nel libro *Pasolini e l'abiura*[1] –, avevo chiesto al mio amico le ragioni della sua insistenza nel volermi fare indossare i panni, a me poco congeniali, del frate confessore, e gli spiegavo i motivi per cui non volevo apparire sullo schermo. Ma lui insisteva dicendo: "La cosa è molto importante per me. Tu sei il solo a cui io possa affidare questo ruolo"». Passò diverso tempo prima che Zigaina si rendesse conto di essere stato chiamato a Bolzano non già per confessare Ciappelletto, ma per confessare, indirettamente e per interposta persona, lo stesso Pasolini (p. 339).

1. G. ZIGAINA, *Pasolini e l'abiura*, Venezia, Marsilio, 1993, 353, L. 38.000.

La figura di Ciappelletto, «artista dello scandalo», che compie l'ultima malefatta della sua vita traendo in inganno il frate che lo confessa sul letto di morte e giungendo in questo modo a usurpare una immeritata fama postuma di santità, ha dato filo da torcere ai commentatori del Boccaccio. Pasolini, che nella sua trasposizione cinematografica della novella non sposta una virgola rispetto al testo letterario di origine, lascia intuire l'estremo pentimento dell'uomo malvagio facendone interpretare il ruolo al non-attore Franco Citti, il quale, incapace come è di fingere un pentimento non sincero, versa davanti alla macchina da presa lacrime vere e chiama accanto a sé l'amico Zigaina come testimone dell'autenticità del suo dolore.

Non è difficile per Zigaina trovare negli scritti di Pasolini accenni che confermano la validità della sua ipotesi relativa all'identificazione operata da Pasolini con Ciappelletto. Nel saggio «I sintagmi viventi e i poeti morti», scritto nel 1967 e successivamente inserito nel volume *Empirismo eretico* (1972) col titolo «I segni viventi e i poeti morti», Pasolini mescola tra loro due citazioni di Dante parlando di una «lacrimetta» versata «in co del ponte presso Benevento». Il doppio riferimento è a Manfredi (la «lacrimetta», *Purgatorio* V 107) e a Bonconte da Montefeltro («in co del ponte», *Purgatorio* III 128), entrambe figure di peccatori pentitisi *in extremis*, con le quali Pasolini amava confrontarsi.

Ai più attenti tra i lettori di *Poesia in forma di rosa* (1964) e tra gli spettatori del film *Teorema* (1968) non era sfuggito che con quel libro di versi e con quel film, in qualche modo reciprocamente collegati, Pasolini chiedeva pubblicamente perdono dei suoi peccati. Non desta pertanto meraviglia constatare che di un simile atteggiamento vi sono tracce anche in altri punti della multiforme produzione pasoliniana.

Il corpo della lingua

A Pasolini dedica un ricordo ricco di vibrazioni emotive Enzo Siciliano nel volumetto *Campo de' Fiori*[2]. Il libro ha forma di confessione e si muove su due linee parallele. Il ricordo di un recente

2. E. Siciliano, *Campo de' Fiori*, Milano, Rizzoli, 1993, 197, L. 19.000.

viaggio a Casarsa, nel Friuli, dove Siciliano è stato invitato a parlare in pubblico di *Petrolio*, il romanzo postumo di Pasolini, si alterna con altri ricordi relativi a diversi incontri avuti con Pasolini nel corso di un'amicizia durata alcuni decenni. Veniamo così introdotti, dalla voce di un testimone attento e discreto, nella cerchia di amici (Alberto Moravia, Dacia Maraini, Bernardo Bertolucci, Laura Betti, Ninetto Davoli...) coi quali Pasolini s'incontrava (per lo più a cena da «Nino» in via Borgognona o alla «Nuova Pesa» in Trastevere o alla «Carbonara» in Campo de' Fiori), assistiamo ai loro scambi di vedute, ai loro litigi, alle loro rappacificazioni. Altre presenze, come quelle di Elsa Morante e di Attilio Bertolucci, si muovono in una sfera diversa, fuori dalle diatribe di trattoria. Nel racconto di Siciliano si affacciano, tra una battuta e un aneddoto, decine di personaggi appartenenti alla società letteraria romana dagli anni Cinquanta ai primi anni Settanta, un piccolo mondo che gravitava tra i caffè di via Veneto e quelli di piazza del Popolo. Un ambiente che Pasolini conosceva, ma al quale non apparteneva, chiuso com'era in un alone di solitudine che gli impediva di confondersi con gli altri.

Chi era Pasolini? Era, prima di tutto, un poeta. In questo Siciliano non ha dubbi. Era prima un poeta e poi un regista di cinema, poi un drammaturgo, poi un narratore, poi un critico letterario, poi il polemista che conosciamo (p. 157). Con la violenza di un poeta vero, l'amore straziante, anche persecutorio, che i poeti nutrono, aveva intuito il senso, il destino di un'intera collettività. In nome delle sue intuizioni accusava: ma quelle intuizioni avevano prima di ogni altra cosa riguardato il corpo della nostra lingua; e della complessità di quel corpo egli fu l'analista e il chirurgo, incontestabilmente il poeta (p. 153).

Come gli altri amici di Pasolini, anche Siciliano lo vedeva allontanarsi la sera e imboccare la strada della sua notte (p. 136). Pasolini considerava se stesso come un individuo fatto non per le regole, ma per le eccezioni. Il modo in cui la sua omosessualità si configurava era, nello stesso universo omosessuale, un'eccezione. Non è detto che essa non si sia configurata anche come una perversione nella stessa perversione, non per una programmata ricerca dell'eccesso, quanto per un bisogno progressivo di sciogliere ogni limite in vista di un limite successivo da superare (p. 138).

Da «La ricotta» a «Il Vangelo secondo Matteo»

Pasolini spingeva il suo amore per lo scandalo fino a coinvolgere i suoi amici laici in discussioni su Dio. La parola Dio era ritenuta per lo più impronunciabile nell'ambiente letterario descritto da Siciliano. Pasolini diceva di essere arrivato (o tornato) a Dio per vie non ortodosse mentre si occupava di semiologia del cinema. «La macchina da presa – sosteneva – cattura la realtà e la fa parlare attraverso se stessa. Mentre la letteratura è costretta a cancellare la realtà, a renderla astratta per esprimerla attraverso le parole, nel cinema la realtà resta essa stessa linguaggio così come è. Ciò accade perché nel linguaggio della realtà, di cui il cinema non è che la forma scritta, parla un Essere (con la maiuscola, mi raccomando), un Essere che c'è e non ama» (p. 121).

Siciliano ricorda di essere stato convocato da Pasolini sul *set* di alcuni suoi film per interpretarvi ruoli marginali. Assieme a Carlotta del Pezzo, Adele Cambria, Romano Costa, Gaio Fratini, Giuliana Calandra, Elsa De Giorgi e altri si trovò un giorno, nell'autunno del 1962, a dar vita al bel mondo, al quale tutti appartenevano, sui prati ondulati dell'Acqua Santa, tra l'Appia e la Tuscolana, dove Pasolini aveva allestito il Calvario de *La ricotta* (episodio del film collettivo *Rogopag*). La scena rappresentava un ricevimento elegante offerto dalla produzione di un film in lavorazione, ispirato alla passione di Gesù. Il regista del «film nel film» era interpretato da Orson Welles. «In mezzo al campo – racconta Siciliano –, su uno spiazzo contro cui le creste di tufo che dovevamo percorrere franavano, accanto a un tavolo carico di frutta e cibarie, dietro al quale erano rizzate le croci con Cristo e i due ladroni, ci aspettava alto e massiccio Orson Welles. Avevamo i palazzoni dell'Appio alle spalle, scatole abbandonate sui prati di ortiche da un benessere che era anche volgarità» (p. 34).

Nel film *Il Vangelo secondo Matteo* Siciliano fu chiamato a interpretare l'apostolo Simone Cananeo. Tra gli apostoli c'era anche Alfonso Gatto (Andrea). Natalia Ginzburg era Maria di Betania. Gabriele Baldini era Lazzaro. Ninetto Davoli, allora sedicenne, era un pastorello. Susanna, la mamma di Pasolini, era la Madonna. Graziella Chiarcossi, cugina di Pasolini e sua segretaria, era una pia donna. «Camminavamo dietro a Cristo per un sentiero da capre –

ricorda Siciliano – Pasolini ci metteva fretta. Bisognava gareggiare contro il tempo nuvoloso». Il *Vangelo* è un film religioso per forza di cose. Tutti i partecipanti alle movimentate riprese furono sfiorati, in un modo o in un altro, da questa consapevolezza. Pasolini, dal canto suo, era tutto preso dai problemi tecnici e formali che doveva affrontare e risolvere a tamburo battente.

«Non so come girare le beatitudini», ripeteva il regista. La sequenza del Discorso della montagna, quella serie di primi piani a stacco secco contro un cielo nero, fu girata da ultimo e con disperazione, con rabbiosa urgenza, ed è, nel corpo del film, di grande significato, espressione di una veggenza solitaria, lacerante e angosciata. Si disse che Pasolini si identificava col suo Cristo. Secondo Siciliano, il problema non era di natura psicologica. Pasolini spiegò, per chi volle capirlo, che ogni problema personale ha credito soltanto se trascritto in termini metafisici e filosofici (p. 103). Cristo dice di non essere venuto a portare la pace, ma la spada. La lotta appartiene anzitutto alla mente, ed è la lotta della mente con se stessa, dei modi nei quali la mente plasma le proprie contraddizioni.

La linea di confine

Tra il 27 giugno e l'11 luglio del 1963, Pasolini compì un viaggio in Terrasanta per prepararsi alla realizzazione, ormai imminente, del film che stava per girare sulla vita di Gesù. Lo accompagnavano don Andrea Carraro, il dott. Lucio Caruso, entrambi della *Pro Civitate Christiana* di Assisi, e una piccola *troupe* di tecnici, che effettuò alcune riprese per documentare l'avvenimento. In seguito, Pasolini montò quel materiale filmato e vi aggiunse un commento da lui improvvisato al microfono nella sala di doppiaggio. Ne risultò un film che occupa una posizione atipica nell'ambito della produzione pasoliniana e ha per titolo *Sopralluoghi in Palestina per il film «Il Vangelo secondo Matteo»*. Nello scorrere i ricordi di Siciliano relativi alle riprese de *La ricotta* e *Il Vangelo*, mi sono tornate alla mente le immagini di *Sopralluoghi*. Il filmato è stato recentemente riproposto dalla Rete 3 della RAI, che lo ha mandato in onda a tarda ora della notte in un programma intitolato *Fuori orario*. A un certo punto, si assiste al seguente dialogo tra don Andrea e Pasolini:

– Dott. Pasolini, lei ha davanti a sé la rete metallica che segna il confine tra Israele e la Giordania. Da questo punto si vede la zona dove si sono svolti gli ultimi avvenimenti della vita di Gesù: il monte degli Ulivi, la valle del Cedron col Getzemani, la spianata del Tempio, il Sion. Lei ha visitato ormai la parte della Palestina che è nel territorio israeliano, dove ancora ci troviamo. Domani cercheremo di passare in Giordania. Quali sono le sue impressioni a questo punto del nostro viaggio?

– Questa rete divide praticamente, se ho capito bene, non solo Israele dalla Giordania, cioè divide a metà il nostro viaggio, ma divide a metà anche le ricerche per il nostro film. Finora abbiamo visto i luoghi della predicazione; dobbiamo ancora vedere i luoghi della passione. Per quanto riguarda i luoghi della predicazione, se dicessi che sono rimasto deluso direi una cosa assurda, ma da un punto di vista pratico devo proprio dirlo: sono deluso. Non ho trovato nulla che mi possa servire per il film. Né paesaggi, né personaggi. I paesaggi sono quattro clivi spelacchiati, e i personaggi sono ebrei con facce estremamente moderne. Hanno perduto i caratteri arcaici che vorrei trovare per il mio film. Per quanto riguarda il paesaggio, mi stupisce la scelta che Cristo ha fatto di un luogo così terribilmente arido, disadorno, privo di qualsiasi amenità...

– Dott. Pasolini, lei ha parlato di delusione pratica. Possiamo pensare che, al tempo di Gesù, la Galilea fosse diversa. L'ambiente della Palestina, prima delle invasioni arabe, era probabilmente un po' più ricco e fiorente. Quali sono, direi, le sue impressioni spirituali di questo ambiente?

– Vede, don Andrea, la parola spirituale ha per noi due un significato un po' diverso. Per lei, spirituale significa qualcosa di intimo e religioso. Per me, spirituale corrisponde a estetico. Quando dico che, venendo qui, ho avuto una delusione pratica, questo non ha nessuna importanza, perché a questa delusione pratica corrisponde, invece, una profonda rivelazione estetica. Questa rivelazione estetica è per me tanto più importante, in quanto avviene in un campo che credevo di possedere completamente. La mia idea che le cose, quanto più sono piccole e umili, tanto più sono profonde e belle, trova qui una conferma che non mi aspettavo. Ho capito che questa idea è ancora più vera di quanto immaginassi. L'idea di quei quattro clivi spelacchiati della predicazione è diventata per me un'idea estetica, e perciò spirituale.

– Le farò leggere, dott. Pasolini, un pensiero di san Paolo che credo combaci perfettamente con questa sua affermazione.

Le immagini del filmato sembrano restituire nella loro dimensione fisica i corpi delle due persone, morte entrambe da molto tempo, che conversano accanto a quella linea di confine, che fu spazzata via dalla guerra dei sei giorni nel 1967. Non si può non restare stupiti di fronte al contrasto che i due interlocutori, appaiati nelle stesse immagini, manifestano fin dal loro aspetto esteriore: magro e tutto nervi il regista, il cui occhio scruta con febbrile irrequietezza la realtà circostante; tozzo e compassato il sacerdote, con il capo protetto da un casco coloniale, assorto in una tranquilla e ordinata visione delle cose.

La macchina da presa indugia con alcuni dettagli sulla rete metallica, sui sacchetti di sabbia allineati lungo le trincee. Due passerotti si posano per qualche istante sui reticolati prima di volare via, liberi come il pensiero. Sembrano riproporre con una metafora la situazione dei due uomini, separati anch'essi da un'invisibile linea di confine, che cercano le parole giuste per potersi comunicare reciprocamente, al di là delle rispettive differenze, le proprie risonanze interiori.

Sulla camionetta che corre lungo la strada tra Gerusalemme e Betlemme, Pasolini legge la citazione di san Paolo, che don Andrea gli ha indicato: «Dio ha scelto ciò che nel mondo è stolto per confondere i sapienti, Dio ha scelto ciò che nel mondo è debole per confondere i forti, Dio ha scelto ciò che nel mondo è ignobile e disprezzato e ciò che è nulla per ridurre a nulla le cose che sono» (*1 Cor* 1,27-28).

Poche case nel verde

Nella lunga introduzione a una raccolta di scritti giovanili di Pasolini, che ha per titolo *Un paese di temporali e di primule*[3], Nico Naldi-

3. P. P. Pasolini, *Un paese di temporali e di primule*, a cura di N. Naldini, Parma, Guanda, 1993, 315, L. 28.000.

ni, cugino di Pasolini e conoscitore delle sue cose più segrete, rievoca i tempi della formazione friulana del poeta. Nella Casarsa dei primi anni Quaranta la vita è scandita dal lavoro dei campi e dalle funzioni religiose. La messa prima, alle sei, la seconda un'ora dopo, alla sera il rosario. I riti cristiani accompagnano il ciclo delle stagioni: in primavera le rogazioni attraverso i campi, la processione del Venerdì Santo con la reliquia del legno della Croce, la processione del *Corpus Domini*... Pasolini era attratto dalla religiosità dei contadini: il suono delle campane, il canto delle litanie, la figura del Cristo sulla Croce gli regalano momenti soavissimi, dai quali nasceranno le poetiche eresie de *L'usignolo della Chiesa Cattolica* (1958).

Al giovane Pasolini, appena uscito dalle aule dell'Università di Bologna, il ritiro a Casarsa sembra non bastare. A motivo delle vicende belliche è costretto a ritirarsi ancora più in là, a Versuta: poche case intorno a una chiesetta con davanti un prato verde. All'interno della chiesetta, di un'antica grazia romanica, affiorano dall'intonaco affreschi di scuola giottesca e tolmezzina. Seguendo i suggerimenti di un amico pittore, un giorno Pasolini si presenta con in mano alcune cipolle tagliate a metà per sfregarle contro l'intonaco, che a poco a poco si sgretola lasciando tra sparire la pittura sottostante (p. 53). A Versuta Pasolini soggiorna per un lungo periodo, dal 1943 al 1947. Con la madre, insegnante elementare, apre una scuola gratuita per i ragazzi del posto. Lì viene raggiunto dalla notizia della morte del fratello Guido, partigiano assassinato non già dai tedeschi, ma da altri partigiani, comunisti italiani e slavi, che vedevano nel gruppo al quale apparteneva Guido, la brigata «Osoppo», un ostacolo alle mire espansionistiche di Tito su parte del Friuli.

In un articolo, pubblicato su un giornale locale nel 1947 e ristampato in questo volume assieme ad altri dello stesso periodo (1945-1951), Pasolini così descrive Versuta: «Da Casarsa a V. non c'è che un sentiero campestre; V. è invece legata a San Giovanni: chi venga da questo ultimo paese, dopo circa cinque o seicento metri, scorge una casa di contadini, dall'aspetto abbastanza nobile, che è la casa degli Spagnol; poi, a sinistra, a poca distanza l'uno dall'altro, due casolari, nel secondo dei quali io e mia madre avevamo trovato rifugio; indi si incontra una roggia, la Viersa, attorniata da una folla di faggi, ontani, salici, pioppi...» (pag. 145). A Versuta si sentono solo il tonfo della pompa a getto continuo, le voci dei contadini come lievi lamenti e, di sera, il rintocco delle campanelle. In quel silenzio e in quella solitudine Pasolini sente maturare dentro di sé quella che in seguito chiamerà la sua «crisi mistica», da lui così descritta in una nota autobiografica: «Passavo ore di fronte a una foglia o a una mano per *capirle*, cioè per valicare il limite o la sutura dove io terminavo e cominciava l'altro: la foglia, il tronco». Non pensavo direttamente a Dio, ma all'Altro, cosa molto più importante. Con la scoperta di questa nuova dimensione, finii col credere al miracolo e alla profezia».

* * *

Tra le testimonianze che si possono udire su Pasolini, la più preziosa è senza dubbio quella che egli ha reso a se stesso con le sue poesie, ora ripubblicate da Garzanti in edizione completa con aggiunta di numerosi inediti. Le poesie di Pasolini possono essere lette come pagine di un diario intimo. Vi si riconosce la statura di un uomo animato da molteplici interessi, una personalità poliedrica che contraddice, con la sua stessa complessità, i giudizi sbrigativi che tante volte sono stati formulati sul suo conto, un innamorato della realtà, che della realtà ha voluto abbracciare, per eccesso di amore, aspetti che non sono reciprocamente conciliabili, senza rinunciare a nulla, fino a restarne sopraffatto.

«IL VANGELO SECONDO MATTEO»*

Virgilio Fantuzzi S.I.

«Nulla mi pare più contrario al mondo moderno di quella figura». Così scriveva Pier Paolo Pasolini nel 1963, parlando della figura di Gesù, mentre si preparava a portare sullo schermo il primo dei quattro Vangeli. Leggendo il testo di Matteo aveva avuto l'impressione d'incontrare un Cristo «mite nel cuore, ma "mai" nella ragione, che non desiste un attimo dalla propria terribile libertà come volontà di verifica continua della propria religione, come disprezzo continuo per la contraddizione e per lo scandalo». Nel film, del quale sta scrivendo la sceneggiatura, «la figura di Cristo dovrebbe avere la stessa violenza di una resistenza: qualcosa che contraddica radicalmente la vita come si sta configurando all'uomo moderno, la sua grigia orgia di cinismo, ironia, brutalità pratica, compromesso, conformismo»[1]. Queste parole del regista, morto tragicamente la notte del 2 novembre 1975, possono essere intese come chiave di lettura del film *Il Vangelo secondo Matteo*, tornato sugli schermi in versione restaurata a 40 anni dalla sua realizzazione[2].

* Titolo originale: «"Il Vangelo secondo Matteo" di Pier Paolo Pasolini. Versione restaurata».

1. P. P. Pasolini, «Il Vangelo di Matteo, una carica di vitalità», in *Il Giorno*, 6 marzo 1963, ripreso in G. Gambetti (ed.), *Il Vangelo secondo Matteo. Un film di Pier Paolo Pasolini*, Milano, Garzanti, 1964, 14 s.

2. Oltre all'edizione restaurata, a cura di *Cinema Forever*, il film è uscito anche in DVD (Parigi, Carlotta Films, 2003) comprendente la versione originale italiana e alcuni contributi extra: *Pasolini: un religieux sans foi*, testimonianze di Hervé Joubert-Laurencin (10'); *Pasolini face à l'Eglise*, conversazione con Virgilio Fantuzzi (15'); *Un Christ à Cadaquès*, incontro con Enrique Irazoqui a quarant'anni di distanza dalla sua interpretazione del ruolo di Gesù (22').

Una figura di opposizione

Concepito fuori dagli schemi del cinema commerciale (o, per meglio dire, in opposizione ad essi) il film conserva intatta la sua capacità di scuotere gli spettatori, non solo con la forza delle immagini, ma anche con l'autenticità del messaggio religioso che esse trasmettono. Tra i tanti film realizzati sulla vita e sulla passione di Gesù, quello di Pasolini è il solo nel quale il protagonista e gli altri interlocutori usino parole scritte nel Vangelo, senza ricorrere a parafrasi o trasposizioni.

La predicazione di Giovanni Battista (cfr *Mt* 3,1-12) fa da preludio a quella di Gesù. Rivolgendosi a farisei e sadducei (notabili del tempo, che Pasolini paragona ai notabili italiani degli anni Cinquanta e Sessanta) Giovanni, che ha il volto scavato di Mario Socrate, esclama: «Razza di vipere! Chi vi ha insegnato a sfuggire all'ira imminente? Date frutti degni di ravvedimento. E non crediate di poter dire dentro di voi: siamo figli di Abramo; perché vi dico che Dio può da queste medesime pietre generare figli ad Abramo». Annunciando la prossima venuta del Messia, il Precursore alza la voce: «Nella sua mano tiene il ventilabro, e monderà interamente la sua aia, e raccoglierà il grano suo nel granaio; ma la pula, la brucerà in un fuoco inestinguibile».

Il programma di Gesù risulta chiaro fin dalle raccomandazioni che, all'inizio della vita pubblica, rivolge agli apostoli: «Ecco, io vi mando come pecore in mezzo ai lupi: siate prudenti come serpenti e semplici come colombe [...]. Sarete odiati per causa del mio nome. Non temete coloro che uccidono il corpo, ma non possono uccidere l'anima; temete piuttosto colui che può e l'anima e il corpo perdere nella Geenna [...]. Non crediate che io sia venuto a portare pace sulla terra; non sono venuto a portare la pace ma la spada. Sono venuto a dividere l'uomo dal padre suo, e la figliola dalla madre sua, e la nuora dalla suocera sua: e nemici dell'uomo saranno i suoi familiari» (*Mt* 10,16-36).

«Chi non è con me, è contro di me – dice Gesù ai Giudei – e chi non raccoglie con me, disperde. Perciò vi dico: Ogni peccato e ogni bestemmia sarà perdonata agli uomini, ma la bestemmia contro lo Spirito non sarà perdonata» (*Mt* 12,30-31). Ai maestri della legge e ai farisei che chiedono un segno, risponde: «Generazione malvagia e adultera! Pretende un segno, e nessun segno le sarà dato se non quello di Giona il profeta. Giona stette tre giorni e tre notti nel ventre della balena. Il figlio dell'uomo starà tre giorni e tre notti nel seno della terra. Perfino gli uomini di Ninive risorgeranno nel Giudizio con questa generazione e la condanneranno, perché essi si ravvidero alla predicazione di Giona; ed ecco, uno più di Giona è qui. La regina del Mezzogiorno si leverà nel Giudizio con questa generazione e la condannerà; perché venne dai confini della terra per udire la sapienza di Salomone; ed ecco, uno più di Salomone è qui» (*Mt* 12,38-42).

«Se uno vuol venire dietro a me, rinunci a se stesso, prenda la sua croce e mi segua» (*Mt* 16,24). È un insegnamento che da solo ne riassume tanti altri. «Chi è il più grande nel regno dei cieli?», chiede uno degli apostoli. Gesù risponde: «In verità vi dico: se non vi convertirete e non diventerete come bambini, non entrerete nel regno dei cieli. Chi saprà farsi piccolo come un bambino è il più grande nel regno dei cieli, e chi riceve un bambino nel mio nome, riceve me. Ma chiunque scandalizzi uno di questi piccoli che credono in me, meglio sarebbe per lui che gli fosse appesa al collo una macina da mulino e fosse precipitato in fondo al mare [...] Se la tua mano o il tuo piede ti è causa di peccato, mozzalo e gettalo via da te; è meglio per te entrare nella Vita monco o zoppo, che avere due mani e due piedi ed essere gettato nel fuoco eterno» (*Mt* 18,1-8).

Sono alcune delle battute che, trasferite di peso dal testo di Matteo, risuonano nella colonna sonora, pronunciate con tono perentorio dalla voce di Enrico Maria Salerno, che doppia Enrique Irazoqui (lo studente catalano invitato dal regista a prestare il corpo e il volto al protagonista del film). Nulla di nuovo per chi abbia una certa familiarità con il Vangelo, ma non si può non tener conto dell'effetto che queste parole provocano nello spettatore seduto in una sala cinematografica. Se il cinema riflette in un modo o in un altro la mentalità della gente comune, nulla è più sconcertante (perché contrario a tale mentalità) di queste parole che invitano l'uomo di oggi, così come accade da 20 secoli, a compiere scelte di vita in aperto contrasto con i criteri prevalenti nel mondo.

Il Vangelo di Matteo, come è noto, contiene lunghi discorsi a partire dal «discorso della montagna», che si estende per tre capitoli (5, 6 e 7). Pasolini, che si è proposto di tradurre quel testo in immagini visive e sonore limitando al massimo i propri interventi, non si sottrae a quella che ad altri registi sarebbe apparsa come una difficoltà insormontabile. Il «discorso della montagna» viene pronunciato in ampia silloge da Gesù in un primo piano ininterrotto, nel quale varia soltanto lo sfondo, un cielo che a volte è assolato nell'ora del meriggio, altre volte è attraversato da nuvole leggere nell'ora del crepuscolo, oppure immerso nel buio di una notte rischiarata dal bagliore dei lampi. A volte la voce di Gesù lotta contro il rumore del vento, che tenta di sovrastarla, altre volte plana con dolcezza sul dorso dei colli che digradano a perdita d'occhio.

Il Vangelo secondo Matteo è un film nel quale la parola parlata sembra prevaricare sulle immagini. Si veda, ad esempio, la lunga disputa con i farisei, nel corso della quale Gesù pronuncia parole come queste: «In verità io vi dico che i pubblicani e le meretrici vi precederanno nel regno di Dio, perché Giovanni venne a voi nella via della giustizia e voi non gli avete creduto. Ma i pubblicani e le meritrici gli hanno creduto» (*Mt* 21,31-32). Lo stesso si può dire del discorso antifarisaico, che segue immediatamente la disputa, con i suoi iterati «Guai a voi», quasi un contrappeso alle beatitudini che aprono il «discorso della montagna» (cfr *Mt* 23,1-39).

Momenti di contemplazione

Il dialoghi e i discorsi, che occupano gran parte del film, sono intercalati da pause nelle quali la musica (cori dalla *Passione secondo Matteo* di Bach alternati con brani della *Missa Luba* eseguita in latino da indigeni dell'Africa Centrale, canti popolari, composizioni di autori antichi e moderni) accompagna scene silenziose che si offrono allo spettatore come momenti di contemplazione. Il film inizia con uno scambio di sguardi tra Maria e Giuseppe. Il linguaggio muto delle immagini evoca in maniera efficace la situazione di imbarazzo che è venuta a crearsi tra i due, indicata nel Vangelo con parole sobrie, ma inequivocabili (cfr *Mt* 1,18-25). Il taglio delle inquadrature e la reciproca contrapposizione nel montaggio dei volti e dei corpi dei due giovani sposi esprime una dimensione del sacro che non è disgiunta dalle manifestazioni concrete della vita. La Madonna è vistosamente incinta. La composizione dell'immagine rinvia a un noto affresco, *La*

Madonna del Parto, dipinto da Piero della Francesca nella cappella del cimitero di Monterchi, nei pressi di Arezzo.

La pagina del Vangelo trasferita in un tempo fuori dal tempo, che in ogni epoca può essere avvertito come contemporaneo, è una lezione che Pasolini ha assimilato dai maestri del Rinascimento. Il cinema, con l'immediatezza che gli è propria, restituisce il modello iconografico alla dimensione che aveva nella realtà, prima che il pittore lo facesse passare attraverso il filtro della sua sensibilità personale. Allo stesso tempo, la composizione dell'inquadratura e la scansione del ritmo nell'avvicendarsi di campi lunghi e dettagli, totali e primi piani, conferiscono all'obbiettività fotografica delle immagini una cadenza paragonabile a quella che si può osservare nelle azioni liturgiche.

I gesti e gli oggetti della vita di ogni giorno, prelevati dal loro contesto e inseriti nella sequenza delle immagini filmiche, assumono un'assolutezza che mette in risalto la loro dimensione intrinsecamente religiosa. Per indicare questo suo modo originale di utilizzare il linguaggio audiovisivo, Pasolini coniò il termine «cinema di poesia». Secondo lui, mentre il «cinema della prosa» (che non fa sentire la presenza della macchina da presa) tende a occultare i procedimenti della sua elaborazione, il «cinema di poesia» (che fa sentire la presenza della macchina da presa) li esalta quasi per ribadire che il punto di vista prescelto riguarda, in questo caso, l'interiorità di chi si serve del cinema come mezzo di espressione, non meno di quanto riguardi le cose di cui il cinema parla[3].

Nelle immagini del film, secondo le intenzioni dichiarate dal regista, non c'è nulla di agiografico o di aprioristicamente sacro. «Intorno alla Madonna ci sono gli oggetti reali, e perciò stesso commoventi e infine sacri, della sua reale vita di sposa povera»[4]. L'attenzione riservata agli oggetti che circondano la vita di gente umile passa con naturalezza dalle cose alle persone e agli ambienti: il mondo arcaico che Pasolini ha trovato ancora intatto all'inizio degli anni Sessanta nel Meridione d'Italia, scelto come luogo equivalente alla Palestina dei tempi di Gesù.

3. Cfr P. P. Pasolini, «Il cinema di poesia», in G. Gambetti (ed.), *Uccellacci e uccellini. Un film di Pier Paolo Pasolini*, Milano, Garzanti, 1966, 7-31.

4. Dalla sceneggiatura del film (cfr G. Gambetti [ed.], *Il Vangelo secondo Matteo. Un film di Pier Paolo Pasolini*, cit., 45).

La casa di Maria è isolata nei campi. Una strada fiancheggiata da muretti divisori la collega con Nazaret. Giuseppe, seguito con la macchina a mano, percorre quella strada che, alcuni decenni più tardi, sarà seguita da Gesù accompagnato dagli apostoli, mentre si muove da un luogo all'altro della Galilea. Alla casa di Maria, povera ma dignitosa, si contrappone l'autentico tugurio dove la Sacra Famiglia trova momentaneo rifugio nei pressi di Betlemme. La macchina da presa, oltre a inquadrare le figure dei personaggi principali, non tralascia di cogliere le presenze, silenziose ma significative, dei vicini di casa: per lo più donne e bambini. Si tratta di figure reali, arcaiche come il paesaggio di cui fanno parte, isolate in quell'atmosfera assorta che soprattutto nella parte iniziale del film si fa percepire in maniera quasi tangibile.

La musica sottolinea queste situazioni con interventi che integrano le immagini. L'adorazione dei Magi è accompagnata da uno *spiritual* afroamericano, *Sometimes I Feel like a Motherless Child*, cantato da una nota *folksinger* (Odette). L'entrata in scena di Gesù adulto presso le rive del Giordano (in realtà il torrente Chia, vicino a Viterbo), dove Giovanni sta battezzando, è accompagnata dalla *Maurerische Trauermusik* K 477 di Mozart, che tornerà più avanti nel film per accompagnare i momenti supremi del sacrificio del Golgota. La quarantena di Gesù nel deserto e le successive tentazioni (ambientate sull'Etna, nella valle del Bove) è accompagnata da un brano dell'*Offerta musicale* di Bach trascritta per orchestra da Anton Webern.

L'inizio della vita pubblica, caratterizzato da una serie di panoramiche che accompagnano Gesù mentre cammina da solo in aperta campagna come un seminatore che va a spargere il seme della Buona Novella, e l'incontro con i primi apostoli (pescatori che rassettano le reti sulle rive del lago di Tiberiade) sono accompagnati da un canto popolare russo, eseguito dal coro dell'Armata rossa. L'incedere di uno storpio che avanza verso Gesù reggendosi sulle stampelle è accompagnato da un *blues* che riassume in sé il dolore di generazioni di schiavi neri d'America. Si tratta della canzone *Dark Was the Night. Cold was the Ground* eseguita da Blind Willie Johnson, un povero cieco che, come ha raccontato Wim Wenders in un recente film sulla storia del *blues*, chiedeva l'elemosina alla porta delle chiese[5].

Il dramma del Golgota

Un anno prima di girare *Il Vangelo secondo Matteo*, Pasolini si recò in Terra Santa per prendere contatto con i luoghi dove si erano svolti i fatti che intendeva raccontare nel film. Erano con lui un sacerdote biblista, don Andrea Carraro, e il dott. Lucio Settimio Caruso, volontario della *Pro Civitate Christiana* di Assisi. Della comitiva facevano parte anche un operatore cinematografico e un fonico, incaricati dal produttore Alfredo Bini di raccogliere una documentazione visiva e sonora, dalla quale Pasolini ricaverà successivamente un filmato di una cinquantina di minuti che ha per titolo *Sopralluoghi in Palestina per il film «Il Vangelo secondo Matteo»* (1965). Il viaggio si divide in due parti scandite dal passaggio della linea di confine che allora divideva Israele dalla Giordania.

Dopo aver visitato la Galilea, parlando con don Andrea, Pasolini dice: «Mi intriga la scelta che Cristo ha fatto di un luogo così terribilmente arido, così terribilmente disadorno, così terribilmente privo di qualsiasi amenità». L'esperienza del viaggio, che per don Andrea riveste un ovvio significato religioso, assume per Pasolini una dimensione estetica, della quale parla in questi termini: «La profonda rivelazione estetica, che ho avuto venendo qui, è per me tanto più importante in quanto è avvenuta in un campo che io credevo di possedere completamente. Cioè, la mia idea che le cose, quanto più sono piccole e umili, tanto più sono profonde e belle, ha avuto uno scossone. Mi sono accorto che questa mia idea è ancora più vera di quanto io immaginassi».

Giunto a Gerusalemme, Pasolini capisce che nel momento del passaggio dalla predicazione di Gesù alla sua passione, ci sarà nel film un cambiamento che riguarda, oltre al contenuto, anche il suo stile. «Gerusalemme appare nel racconto di Matteo – dice il regista nella colonna sonora dei *Sopralluoghi* – nel momento in cui la predicazione di Cristo, oltre a essere un fatto strettamente religioso,

5. Cfr V. Fantuzzi, «"The Soul of a Man", di Wim Wenders», in *Civ. Catt.* 2003 III 341 s.

diventa anche in qualche modo, senza la diretta volontà di Cristo e degli apostoli, ma per dati oggettivamente storici, un fatto pubblico e politico. Questo non sarà detto esplicitamente nel film, perché sarebbe un'assurdità, ma sarà detto implicitamente, attraverso una trasformazione stilistica del racconto. Mentre prima tutto è puro, semplice, scandito con estrema assolutezza, il momento dell'arrivo a Gerusalemme segnerà nel film un nuovo passo. Ci sarà nel film qualcosa di grandioso».

C'è effettivamente nel film, in coincidenza con l'entrata di Gesù a Gerusalemme, un cambio di registro corrispondente all'intenzione annunciata dal regista. Non soltanto perché l'ambiente urbano nel quale si conclude la vita di Gesù è più propizio alle scene di massa di quanto non lo fosse l'ambiente rurale che ne aveva caratterizzato gli inizi, ma anche perché l'avvicinarsi del dramma del Golgota induce amici e nemici di Gesù ad assumere ruoli differenziati, uscendo così dall'anonimato che li aveva accomunati nella precedente fase del racconto.

Comincia Giuda, il cui comportamento si distacca progressivamente da quello degli altri apostoli. Benché la cosa non sia detta esplicitamente, pare che Pasolini individui l'origine del malessere di Giuda in un affievolirsi della sua fede. Mentre gli altri apostoli credono ciecamente nelle parole di Gesù, Giuda dubita. Il senso comune, al quale si sente legato, gli fa apparire come fuori dal reale le prese di posizione di Gesù. Arriva al tradimento quasi senza rendersi conto di quello che fa. Pasolini ha pietà di lui. Prima che Giuda metta fine tragicamente alla sua vita, il regista gli regala un momento nel quale il suo pentimento è accompagnato dallo stesso *blues*, cantato da Blind Willie Johnson, che aveva accompagnato l'incedere faticoso dello storpio, quasi per suggerire che soltanto l'intervento di un miracolo può liberare l'uomo dalla sofferenza che affligge il corpo come da quella che attanaglia lo spirito.

Con la vicenda di Giuda s'intreccia quella di Pietro che, in un momento di debolezza, rinnega il maestro. Diverso è il senso del pentimento dei due. La mancanza di fede induce l'uno alla disperazione. Pietro trova nelle lacrime una fonte di rigenerazione. Il suo pianto è accompagnato dall'assolo di violino che introduce l'aria *Ebarme dich, mein Gott* nella *Passione secondo Matteo* di Bach.

La rappresentazione della Passione, tante volte proposta in teatro e al cinema oltre che nei cicli figurativi che, fin dal Medioevo, decorano gli oratori e le chiese, è scandita nei momenti canonici che rinviano da una scena a un'altra. Al processo religioso, che si svolge in casa di Caifa, fa da riscontro il processo civile davanti a Pilato. Animato dal desiderio di sottrarre il film a tutto ciò che è risaputo e pertanto prevedibile, Pasolini mette lo spettatore in condizione di vedere le due scene come se vi partecipasse di persona. La scena che si svolge nel Sinedrio è vista attraverso gli occhi di Pietro. Quella che si svolge nel Pretorio è vista attraverso gli occhi di Giovanni evangelista. I due testimoni assistono ai fatti da una certa distanza. La loro visuale è parzialmente ostruita dalle nuche dei presenti che si muovono davanti a loro. La macchina da presa si comporta come se un operatore da cinegiornale si fosse trovato per caso sul posto. In questo mondo il film mescola realismo e astrazione, utilizza procedimenti di avvicinamento che approdano imprevedibilmente a risultati di distanziazione.

Il momento culminante del dramma è l'innalzamento della croce, visto in soggettiva dalla Madonna (interpretata in questa parte finale del film da Susanna Pasolini, madre del regista). La già ricordata *Maurerische Trauermusik* di Mozart accompagna il deliquio della madre nei cui occhi si riverberano, con immagini traballanti e frammentarie, gli spasimi del Figlio inchiodato al legno e sospeso tra la terra e il cielo. Raggiunto l'apice dello strazio, lo schermo si oscura. Un lungo spezzone di pellicola nera si sostituisce alle immagini, mentre nella colonna sonora risuona una voce che lancia agli spettatori l'ultima provocazione: «Voi udirete con le orecchie, ma non intenderete; e vedrete con gli occhi, ma non comprenderete; perché il cuore di questo popolo si è fatto insensibile, e hanno indurito le orecchie, e hanno chiuso gli occhi per non vedere con gli occhi e non sentire con le orecchie» (*Is* 6,9-10, citato in *Mt* 13,14-15).

«*Confessioni tecniche*»

In alcune pagine autocritiche, che hanno per titolo *Confessioni tecniche*, Pasolini ripercorre, sul filo della memoria, le tappe del cammino che lo ha condotto a far sì che il suo *Vangelo* assumesse la forma che ha. In un primo tempo il regista avrebbe voluto adottare per questo film lo stesso punto di vista realistico che aveva caratterizzato le riprese del suo film di esordio, *Accattone* (1961), ambientato nella periferia di Roma, tra la Casilina e la Prenestina.

«Con *Accattone* – egli dice –, inesperto di cinema, avevo semplificato al massimo l'oggettiva semplicità delle riprese. Il risultato mi pareva essere quello della sacralità: una *sacralità tecnica* che investiva nel profondo paesaggi e personaggi. Non c'è niente di più tecnicamente sacro di una lenta panoramica. Specie quando questa sia scoperta da un dilettante, e usata per la prima volta [...]. In tanti hanno parlato dell'intima religione di *Accattone*; delle fatalità della sua psicologia ecc. Anche gli obiettivi erano rigorosamente il 50 e il 75: obiettivi che appesantiscono la materia, esaltano il tuttotondo, il chiaroscuro, danno gravità e spesso sgradevolezza di legno tarlato o molle pietra alle figure ecc. [...]. Ed è tenendo conto di questo procedimento tecnico o se vogliamo stilistico, che è lecito parlare di "religiosità" a proposito di *Accattone*, come si è spesso fatto: perché solo attraverso i procedimenti tecnici e gli stilismi è riconoscibile il valore reale di quella religiosità: che si fa approssimativa e "giornalistica" in chi la identifichi coi contenuti, espliciti o impliciti»[6].

Contrariamente a quanto Pasolini aveva previsto, *Il Vangelo secondo Matteo* è stato girato in modo totalmente diverso da come era stato girato *Accattone*. «Ricordo con terrore – dice il regista – i primi giorni di lavoro, in cui giravo come ero capace di girare, coi miei cari obiettivi, le mie care carrellate. Come ho potuto non rendermene conto subito, prima di cominciare? Era chiaro che la *sacralità tecnica*, la filiale semplicità che scardinava dalla sua usuale (e convenzionale) semanticità la "materia" delle borgate romane, diventava di colpo retorica e ovvia se applicata alla "materia" di per sé sacra che stavo raccontando. Un lenone del Pigneto visto come un'architettura romanica o un personaggio masaccesco andava benissimo, ma Cristo... Un Cristo frontale, ripreso col 50 o il 75, accompagnato da brevi e intense panoramiche, diventava pura enfasi: una riproduzione»[7].

Le parole di Pasolini sono chiare. Ma, se è consentito aggiungervi qualche precisazione, vale la pena di osservare che, mentre il mondo

6. P. P. Pasolini, «Confessioni tecniche», in G. Gambetti (ed.), *Uccellacci e uccellini. Un film di Pier Paolo Pasolini*, cit., 44 s.

7. Ivi, 45 s.

di *Accattone* è un mondo reale, impersonato da persone che ne fanno parte, *Il Vangelo secondo Matteo* è interpretato da persone che (pur non avendo la qualifica di attori) svolgono un ruolo nell'ambito di una sacra rappresentazione. Mentre la ripresa realistica di una persona reale (Franco Citti non fa, ma è Accattone) rende la sua immagine in qualche modo assoluta, la ripresa realistica di una rappresentazione (Enrique Irazoqui non è Gesù, ma un giovane scelto per interpretare il ruolo di Gesù) ne mette in luce l'aspetto fittizio, come se si trattasse della ripresa maldestra di una recita parrocchiale.

Non è facile capire per quale motivo Pasolini, che diceva di non essere credente, abbia sentito il desiderio (o il bisogno) di fare un film su Gesù[8]. Può darsi che al fondo di questo desiderio ci fosse una punta di nostalgia per la fede che riteneva di aver perduto. Certamente c'era la volontà di entrare in contatto per questa via con il popolo dei credenti. Il proposito di seguire alla lettera il testo di Matteo (evidente fin dal titolo del film) e la scelta di uno stile obiettivo (alla *Accattone*) indicano, da parte del regista, l'intenzione di restare in qualche modo estraneo alla materia che tratta. «Questo dice Matteo e questo io vi racconto», sembra suggerire Pasolini con le sue scelte iniziali. Dalle già ricordate *Confessioni tecniche* apprendiamo che, dopo l'inizio delle riprese, il regista ha cambiato di punto in bianco i piani che aveva predisposto.

«Solo girando la scena del battesimo al Giordano in una notte da innominato in un alberghetto di Viterbo – egli dice –, mi sono reso conto che stavo andando incontro alla più disastrosa bocciatura [...]. Risvegliandomi, quella mattina a Viterbo, avevo addirittura deciso di riprendere l'insieme e i particolari della folla da un elicottero. L'elicottero non fu possibile ottenerlo, l'Arco Film non è una casa americana.

8. «In parole molto semplici e povere – scriveva Pasolini in una lettera indirizzata al dott. Caruso nel febbraio del 1963 –, io non credo che Cristo sia figlio di Dio, perché non sono credente, almeno nella coscienza» (G. GAMBETTI [ed.], *Il Vangelo secondo Matteo. Un film di Pier Paolo Pasolini*, cit., 17). In una pagina autobiografica Pasolini ha scritto: «Fino a quindici anni io credetti in Dio con l'intransigenza dei ragazzi [...] e nelle brevi dispute intorno alla religione ero un fazioso uomo di parte [...]. È strano ma non ricordo come quella fede si dissolvesse. È forse l'unico avvenimento interiore della mia vita che sia scomparso senza lasciare traccia» (P. P. PASOLINI, «Atti impuri», in ID., *Romanzi e racconti*, a cura di W. SITI - S. DE LAUDE, vol. I, Milano, Mondadori, 1998, 20 s).

Ma il torrentello, il Chia, che fungeva da Giordano, era circondato da burrati ariosteschi: mi sono arrampicato con l'eroico Delli Colli[9] e l'Arriflex munita di pancinor, sopra quei burrati, e da lì, zoomando, ho ripreso i gruppi, le figure intere, i primi piani. Ogni frontalità era così sconvolta, ogni ordine, ogni simmetria: irrompevano il magmatico, il casuale, l'asimmetrico: le facce non potevano più essere viste di fronte e al centro dell'inquadratura, ma si presentavano così come capitava, in tutti gli scorci possibili e sempre eccentriche nel fotogramma.

«L'obiettivo principe era improvvisamente diventato il 300. Che otteneva insieme due effetti: quello di schiacciare e quindi di rendere ancora più pittoriche le figure, e nel tempo stesso di dar loro la casualità e l'immediatezza del documentario di attualità. Rotte le mie abitudini (piano piano, come sempre avvengono le cose "girando e rigirando") mi sono sempre più liberato dai miei schemi di ordine della *sacralità tecnica*, e mi sono buttato nel magma: al 300 ho aggiunto il suo contrario, il 25: e per i primi piani! Cosa che, prima, mi avrebbe fatto inorridire. È vero che la deformazione causata alle facce dal 25 ha come limite una sorta di affusolamento *liberty*: ma in compenso che "espressivo" *eccesso*: di nitore, di nettezza di contorno, di stiramento delle linee, di traslucido delle superfici (che, essendo proprio il contrario di quanto avevo sempre cercato nei primi piani, rientrava, appunto come contraddizione, come esasperata libertà, nel caos stilistico nuovo).

«Nel montaggio, gli accostamenti di campi lunghi girati con il 18 e di primi piani girati con il 300, di "salti" da uno stesso primo piano girato con un obiettivo alto, 75 o 100, e con un 25 ecc. non si contano: come lussureggiano le riprese casuali (implicanti un certo spreco di pellicola) abbandonate a ciò che il 300 da lontano può cogliere, ecc. Quando il film era ancora materiale in corso di elaborazione, avevo l'impressione di questo "magma" che, sconsacrando le mie precedenti mitologie tecniche, ne ricostruisse un'altra meno religiosa e più epica, meno ieratica e più moderna, meno romanica e più impressionistica – espressionistica...»[10].

9. Tonino Delli Colli, direttore della fotografia del *film Il Vangelo secondo Matteo*.

10. In G. Gambetti (ed.), *Uccellacci e uccellini. Un film di Pier Paolo Pasolini*, cit., 46 s. Per chi non ha familiarità con gli obiettivi cinematografici, basterà ricordare che il n. 40 indica l'obiettivo normale, la cui ottica corrisponde a quella dell'occhio

Bisogno di sincerità

A differenza di tanti cineasti di mestiere, dai quali sarebbe difficile ottenere una descrizione esauriente dei criteri da essi adottati nel vivo del loro lavoro, Pasolini, forse perché provenendo dalla letteratura scopriva il cinema giorno dopo giorno, oppure per l'eccezionale capacità autocritica elaborata nel corso della precedente attività, riesce a fornire una descrizione dei procedimenti da lui messi in opera nel corso della lavorazione del film talmente precisa da costituire uno strumento dal quale ogni ulteriore analisi del film non può prescindere.

«Posso dire che mentre operavo al *Vangelo*, – scrive ancora il regista nelle *Confessioni tecniche* – sul *set*, il che significa davanti alle scelte ossessive (anche se preparate vagamente la sera prima, o durante la notte, e nell'ormai preistorica fase della sceneggiatura, resa ridicolmente astratta dalla urgente realtà delle cose), all'aperto, con intorno la ridda dei curiosi, delle macchine [...]; posso dire che il demone dolorante che presiedeva a quelle scelte [...] era un bisogno, inaspettatamente esplicito, di sincerità [...]. Questa sincerità per concretarsi aveva bisogno di pretesti meccanici e fisiologici: *quel* sorriso di Cristo, *quella* luce negli occhi di Andrea o di Giovanni, *quel* modo di comporre la scena. E questi pretesti meccanico-fisici avevano, per essere inventati, due strade: una al di qua della macchina da presa, e presupponevano un sia pur precario montaggio (lo scandalo degli accostamenti magmatici, e perciò espressivi, e quindi sinceri, di inquadrature) e una al di là, davanti alla macchina da presa, dove orrendamente mareggiavano davanti ai miei occhi, ogni giorno più odiosi, i costumi, la ricostruzione storica (per quanto ridotta al minimo), le masse di comparse, i prezzolati incoscienti e indifferenti [...]. In tutta questa materia complessa e maleodorante nei suoi elementi incommensurabili tra loro che un regista ha davanti a sé, c'era il rischio, non dico della non riuscita, della sordità, ma del ridicolo,

umano. I numeri più alti (lenti a lungo fuoco) restringono la visuale e avvicinano le immagini. Quelli più bassi (grandangolo) allargano la visuale e allontanano le immagini. Lo zoom, detto anche pancinor, è un dispositivo che consente un passaggio graduale dall'uno all'altro dei valori sopra indicati.

del penoso, del vergognoso. Dovevo vincere questa materia trovando in ogni momento il momento di sincerità, ossia di espressività»[11].

In un dibattito che ebbe luogo a Brescia nel dicembre del 1964, Pasolini cercò di precisare il senso dell'improvviso bisogno di sincerità che lo aveva assalito durante le riprese del Vangelo. «In *Accattone* – disse allora il regista – ero io che raccontavo una storia. La raccontavo così come la vedevo, di sequenza in sequenza, di fotogramma in fotogramma. Nel *Vangelo* invece c'era un fatto fondamentale: che non potevo essere io a raccontare quella storia perché, avendo deciso di essere assolutamente fedele al testo di Matteo, dovevo rappresentare un Cristo che non fosse soltanto uomo, ma che fosse uomo e Dio.

«Ora io non sono credente, quindi come potevo, direttamente in quanto io, rappresentare Cristo figlio di Dio, se non ci credo? Avrei potuto farlo con un atto di assoluta insincerità. Ora l'insincerità era la cosa che non volevo assolutamente che ci fosse nel mio film, perché un film insincero non è mediocre o non bello, ma è orribile e ripugnante moralmente [...]. Non potendo essere io a raccontare in prima persona la storia di Cristo, figlio di Dio, ho dovuto fare una contaminazione, cioè raccontare questa storia come vista attraverso gli occhi di un altro [...]. Da una parte ero io che raccontavo questa storia, per quanto riguarda l'umanità di Cristo ecc. Dall'altra, per quello che riguarda la sua divinità, ho dovuto raccontare questa storia come vista attraverso gli occhi di qualcun altro, e questo qualcuno chi era? Era chi crede»[12].

Pasolini sosteneva che, per salvarsi da un temuto fallimento artistico, ha dovuto adottare (con un improvviso cambiamento di prospettiva avvenuto durante la lavorazione del film) lo sguardo di un ipotetico credente, da lui distinto, in contrasto con il suo. È difficile stabilire fino a che punto il credente, di cui parlava il regista, fosse ipotetico o reale e fino a che punto esso fosse distinto da lui o non piuttosto sepolto in qualche strato remoto della sua coscienza. L'immagine del magma infuocato, che fuoriesce dalle viscere della mon-

11. Ivi, 48 s.

12. P. P. Pasolini, *Marxismo e Cristianesimo*, Brescia, Fondazione Calzari Trebeschi, 1985, 24 s.

tagna dopo averne squarciato la superficie rocciosa, più volte evocata da Pasolini per indicare la sua crisi stilistica, potrebbe riferirsi con altrettanta pertinenza a una crisi spirituale (percepibile soltanto attraverso le conseguenze che ne derivano), nei confronti della quale la crisi stilistica altro non sarebbe se non un sintomo che ne rivela la presenza.

Lo stile de *Il Vangelo secondo Matteo* registra come un sismografo i soprassalti di una coscienza scossa dal conflitto interno tra due tendenze reciprocamente contrapposte: la volontà di parlare del Vangelo mantenendo un punto di vista distaccato, estraneo a un'ottica di fede, e l'impossibilità di aderire a questo presupposto da parte di un artista che, per non fallire nel suo intento (quello di realizzare un'opera valida sul piano espressivo), si vede costretto a modificare il punto di vista precedentemente adottato, passando da un'ottica esterna a un'ottica interna alla logica del testo sacro.

A un gruppo di intellettuali francesi di sinistra, che lo accusavano di aver fatto un film «con i preti e per i preti», il regista cercava di spiegare lo stato d'animo nel quale era venuto a trovarsi quando aveva tentato di conciliare all'interno del film due punti di vista antitetici: quello di un credente e quello di un non credente. «Ho camminato sul filo di un rasoio – diceva Pasolini –, evitando, da parte mia, una visione solo storicistica e umana e, da parte del credente, una visione troppo mitica. Ho compiuto uno sforzo enorme di sincerità indiretta attraverso il credente e, al tempo stesso, per non tradire me stesso. Lo sforzo per mantenere l'equilibrio tra questi due punti di vista ha dato al film una tensione, che è quella che gli recupera, indirettamente, la *sacralità*, che a volte sembra uno scandalo»[13].

13. Resoconto di Maria Antonietta Macciocchi, apparso con il titolo «Cristo e il marxismo», in *L'Unità*, 22 dicembre 1964, ripreso in L. Betti - M. Gulinucci (ed.), *Pier Paolo Pasolini. Le regole di un'illusione*, Roma, Fondo Pier Paolo Pasolini, 1991, 114.

LA RABBIA DI PASOLINI*

Virgilio Fantuzzi S.I.

Nel 1963, Pasolini ha accettato la proposta del produttore Gastone Ferranti, che gli ha affidato il materiale e i residuati di un cinegiornale (intitolato *Mondo libero*) che dirigeva da molti anni, affinché li rimontasse a suo piacere aggiungendovi un commento originale. Ne risultò un film basato su immagini di repertorio, il cui scopo è dichiarato nelle parole che precedono i titoli di testa: «Perché la nostra vita è dominata dalla scontentezza, dall'angoscia, della paura della guerra? Per rispondere a queste domande ho scritto questo film, senza seguire un filo cronologico e forse neanche logico, ma soltanto le mie ragioni politiche e il mio sentimento poetico». Il commento fuori campo è letto da tre voci che si alternano: quella dello speaker ufficiale, la voce in versi (Giorgio Bassani) e la voce in prosa (Renato Guttuso).

Quando Ferranti vide il lavoro eseguito da Pasolini si spaventò. Il taglio scelto dal regista era troppo unilaterale. Decise così di accorciarne il metraggio per poter affiancare al lavoro di Pasolini quello di un altro regista: Giovanni Guareschi. Ne risultò un film diviso in due parti, nettamente contrapposte, che esprimevano una doppia immagine del mondo: visto da destra (la parte di Guareschi) e visto da sinistra (la parte di Pasolini). I due Autori lavorarono a insaputa l'uno dell'altro. Alla fine, nessuno dei due rimase soddisfatto del risultato complessivo e la pellicola, dopo pochi giorni di programmazione, finì tra i fondi di magazzino del produttore. La parte del film dovuta a Pasolini restituita alle dimensioni che avrebbe dovuto avere

* Titolo originale: *La rabbia di Pasolini* (Italia, 2008). Ipotesi di ricostruzione della versione originale del film *La rabbia* (1963) di Pier Paolo Pasolini, realizzata da Giuseppe Bertolucci.

 © La Civiltà Cattolica 2008 I 105-106 | 3799 (4 ottobre 2008) prima dell'intervento di Guareschi, esce per la prima volta nelle sale cinematografiche, a 45 anni di distanza dalla sua realizzazione, grazie a un accurato lavoro di restauro condotto da Giuseppe Bertolucci per conto della Cineteca del Comune di Bologna.

A cavallo tra gli anni Cinquanta e gli anni Sessanta l'Italia sta bruciando rapidamente le tappe di una trasformazione da Paese agricolo in Paese industrializzato, con una violenta, irreversibile trasformazione sociale e culturale di cui Pasolini è il testimone più acuto e sofferto. «Quando il mondo classico sarà esaurito – dice il commento in un passaggio del film –, quando saranno morti tutti i contadini e tutti gli artigiani, quando l'industria avrà reso inarrestabile il ciclo della produzione e del consumo, allora la nostra storia sarà finita».

Il film inizia con i funerali di De Gasperi (1954). L'evento segna la fine del dopoguerra. L'Italia si adegua e si prepara a ritrovare la normalità dei tempi di pace. Qualcuno, il poeta che parla in versi nella colonna sonora del film, si rifiuta a questo adattamento. Egli osserva con distacco – il distacco dello scontento, della rabbia indicata nel titolo del film – gli estremi atti del dopoguerra: il ritorno degli ultimi prigionieri in squallidi treni, il ritorno delle ceneri dei morti...

Che cos'è che rende scontento il poeta? Un'infinità di problemi che esistono e che nessuno è capace di risolvere: e senza la cui soluzione la pace, la pace vera, è irrealizzabile. Per esempio: il colonialismo. Questa anacronistica violenza di una nazione su un'altra nazione, con il suo strascico di morti. La fame per milioni e milioni di sottoproletari. Il razzismo inteso come cancro morale dell'uomo moderno. È così che riscoppia la crisi, l'eterna crisi latente. I fatti di Ungheria e di Suez (1956). L'Algeria comincia piano piano a riempirsi di morti. Il mondo sembra, per qualche settimana, quello di qualche anno prima. Cannoni che sparano, macerie, cadaveri per le strade, file di profughi stracciati che attraversano paesaggi incrostati di neve, morti sventrati sotto il solleone del deserto...

La crisi si risolve, ancora una volta, nel mondo: i nuovi morti sono pianti e onorati. Ricomincia l'illusione della pace e della normalità. Ma, insieme alla vecchia Europa che si riassetta in nuovi equilibri, nasce l'Europa moderna: il neo capitalismo. La cultura occupa terreni nuovi: una nuova ventata di energia creatrice nelle lettere, nel cinema, nella pittura... Mentre la cultura ad alto livello si fa sempre più raffinata e per pochi, questi «pochi» diventano, fittiziamente, tanti: diventano «massa». È il trionfo del *digest*, del rotocalco e, soprattutto, della televisione. All'inizio degli anni Cinquanta stazioni televisive funzionano a Milano e a Torino in via sperimentale... «Sperimentano modi di dividere la verità per porgere la mezza verità che rimane attraverso la voce che contrappone un'ironia umiliante a ogni ideale».

Gli episodi si susseguono intercalati dalle note solenni dall'adagio di Albinoni. Il più riuscito è quello dedicato alla morte di Marilyn Monroe (1962), sorellina obbediente, carica della sua bellezza come di una fatalità che uccide. «Forse tu hai preso la strada giusta – dice Pasolini rivolgendosi alla diva –, ce l'hai insegnata. Il tuo bianco, il tuo oro, il tuo sorriso sono qualcosa che ci invita a placare la rabbia nel pianto, a voltare le spalle a questa realtà che sembra indissolubilmente legata alla fatalità del male».

PASOLINI SULLA VIA DEL VANGELO

Virgilio Fantuzzi S.I.

Da quando lo studio del cinema è entrato a pieno titolo nelle aule universitarie, la critica cinematografica, la cui superficialità e imprecisione era stata più volte stigmatizzata da Pier Paolo Pasolini, si è dotata di strumenti che le consentono di uscire dall'«impressionismo» giornalistico e di misurarsi ad armi pari con le discipline alle quali fanno capo la critica letteraria e quella che si occupa delle cosiddette arti maggiori[1]. Che il *gap* di un tempo sia stato felicemente colmato ne danno prova, fra l'altro, due libri dovuti a due docenti universitari (Stefania Parigi e Tomaso Subini) che analizzano due film degli esordi di Pasolini (*Accattone* e *La ricotta*) con un'attenzione, riservata ai testi audiovisivi, alle loro fonti e alle loro possibili interpretazioni, che può essere definita ineccepibile sotto ogni punto di vista[2].

«*Accattone*»

Giunto a Roma dal Friuli nel 1950, Pasolini «scopre» il mondo delle borgate. È l'ambiente nel quale è costretto a vivere negli anni di povertà. Due romanzi, *Ragazzi di vita* (1955) e *Una vita violenta* (1959), ripropongono quell'ambiente con fedeltà quasi fotografica.

1. Pasolini diceva che «il più grave difetto della critica cinematografica è quello di mancare di gusto filologico. Essa è una critica tutta sensibilità, di fondo idealistico [...]. Le fonti cinematografiche sono viste come qualcosa di mitico, mai di storico. Direi che per una critica filologica alla saggistica cinematografica manca addirittura la terminologia» (P. P. PASOLINI, «Diario al registratore», in *Romanzi e racconti*, vol. 2°, a cura di W. SITI E S. DE LAUDE, Milano, Mondadori, 1998, 1.845).

2. S. PARIGI, Pier Paolo Pasolini. Accattone, Torino, Lindau, 2008, 233, € 18,00; T. SUBINI, *Pier Paolo Pasolini. La ricotta*, ivi, 2009, 221, € 18,00. La Parigi insegna Storia del cinema italiano al Dams di Roma Tre, Subini è ricercatore presso l'Università degli Studi di Milano, dove insegna Storia e critica del cinema.

Dopo aver collaborato con registi cinematografici come Federico Fellini, Mauro Bolognini, Franco Rossi, Carlo Lizzani e altri, Pasolini realizza con *Accattone* (1961) il suo primo film. Ambiente e personaggi sono gli stessi dei due romanzi. «Sporchi crocefissi senza spine», come li chiamava lui[3]. Giovani e meno giovani senza arte né parte, figli per lo più di immigrati dal Meridione, che vivono di espedienti nella desolata periferia della capitale, non proletari, come gli operai che vivono del proprio lavoro nelle zone industriali del Nord, ma sottoproletari, gli «invisibili» sui quali il suo occhio indagatore si sofferma.

La tecnica cinematografica di Pasolini assomiglia a quella adottata dai maestri del dopoguerra italiano: Roberto Rossellini, Luchino Visconti e la coppia Cesare Zavattini - Vittorio De Sica. Ambienti naturali, attori non professionisti, l'uso del dialetto, la forza di una denuncia sociale, la mancanza di qualsiasi intento evasivo o spettacolare. Se si osservano però con attenzione somiglianze e differenze tra il film di Pasolini e quelli ascrivibili al neorealismo, ci si accorge che, soprattutto per quanto riguarda lo stile, le differenze prevalgono sulle somiglianze. «In *Accattone* – dice Pasolini – non c'è mai un'inquadratura in cui si veda una persona di spalle o di quinta; non c'è mai un personaggio che entri in campo e poi esca di campo [...]. Il mio gusto cinematografico non è di origine cinematografica, ma figurativa. Quello che io ho in testa come campo visivo, sono gli affreschi di Massaccio, di Giotto, che sono i pittori che amo di più, assieme a certi manieristi (ad esempio, il Pontormo). E non riesco a concepire immagini, paesaggi, composizioni di figure al di fuori di questa mia iniziale passione pittorica, trecentesca, che ha l'uomo come centro di ogni prospettiva»[4].

La trama di *Accattone* è presto narrata. Vittorio Cataldi, soprannominato Accattone (Franco Citti), è uno sfruttatore di prostitute che vive in una borgata romana. Conduce un'esistenza scioperata, ruota intorno a un baretto dove siede a conversare con gli amici. Quando la sua donna, Maddalena (Silvana Corsini), viene arrestata

3. Cfr «La religione del mio tempo», poemetto inserito nella omonima raccolta di versi, ora in P. P. Pasolini, *Tutte le poesie*, a cura di W. Siti, vol. 1°, Milano, Mondadori, 2003, 978.

4. Cfr «Diario al registratore», cit., 1.845 s.

dalla polizia, ne adesca un'altra, Stella (Franca Pasut), con l'intento di avviarla alla prostituzione. Stella è l'immagine stessa dell'innocenza e Accattone se ne innamora. Non se la sente pertanto di mandarla a «lavorare». Tenta di adattarsi lui stesso a un lavoro faticoso e mal retribuito, ma non ce la fa. Decide allora di mettersi in società con due ladruncoli. I tre rubano alcuni salumi, ma sono sorpresi dalla polizia. Mentre i due compari vengono ammanettati, Accattone inforca una motocicletta e va a sbattere contro un camion. «Aaah... Mo' sto bene!», sono le ultime parole che pronuncia prima di morire.

Al termine dei titoli di testa, prima che il racconto per immagini abbia inizio, appare sullo schermo una citazione dalla *Divina Commedia*:

«...l'angel di Dio mi prese e quel d'inferno
gridava: "O tu del Ciel, perché mi privi?
Tu te ne porti di costui l'eterno
per una lacrimetta che 'l mi toglie"...»
(Dante, *Purgatorio*, Canto V).

Non è fuori di logica vedere in questa citazione l'indicazione del senso nel quale Pasolini vuole che sia letta la vicenda di Accattone: la morte improvvisa di un peccatore, il pentimento *in extremis* (la lacrimetta, in corsivo nel testo della citazione), la contesa tra l'angelo e il diavolo, la salvezza dell'anima... Dante, come è noto, incontra nel purgatorio Bonconte da Montefeltro, che fu tra i suoi nemici nella battaglia tra fiorentini e aretini, combattuta a Campaldino l'11 giugno 1289, alla quale il poeta prese parte di persona. Di Bonconte, morto sul campo, non fu mai ritrovato il cadavere. Il condottiero racconta come la sua anima e il suo corpo, disgiunti dopo la sua morte, finirono l'una nelle mani dell'Angelo, l'altro in quelle del Diavolo. Quest'ultimo, come si è inteso, protesta perché una lacrima di pentimento, versata in punto di morte, è bastata da sola a cancellare i peccati di tutta una vita. Se questo è il senso nel quale l'intero film dovrebbe essere interpretato, ci si può chiedere in che cosa consista la salvezza di Accattone. È vano cercare sul suo volto una traccia della lacrimetta di cui parla Dante, e che Pasolini sottolinea nell'esergo del film. Accattone non si pente perché, pur essendo un peccatore, non ha consapevolezza dei peccati che commette.

Più che nella consapevolezza incerta e confusa che Accattone ha di se stesso, la possibilità di salvezza, che gli viene offerta, è nella sensibilità con la quale Pasolini lo osserva. «La mia visione del mondo – diceva il regista – è sempre nel suo fondo di tipo epico-religioso; quindi anche in personaggi miserabili, personaggi che sono al di fuori di una coscienza storica [...], questi elementi epico-religiosi giocano un ruolo molto importante. La miseria è sempre, per sua intima caratteristica, epica, e gli elementi che giocano nella psicologia di un miserabile, di un povero, di un sottoproletario, sono sempre in un certo qual modo puri perché privi di coscienza e quindi essenziali»[5]. Questo modo di vedere il mondo dei poveri risulta, come osserva lo stesso Pasolini, dallo stile dei suoi film. «Un modo di girare, di vedere le cose, sentire i personaggi, modo che si realizza nella fissità, in un certo senso, ieratica delle mie inquadrature [...], nella frontalità delle inquadrature, nella semplicità quasi austera, quasi solenne delle panoramiche ecc.»[6].

La Parigi nel suo libro analizza *Accattone* sequenza per sequenza, inquadratura per inquadratura. Non si limita a commentare le singole frasi dei dialoghi e le singole azioni dei personaggi, ma va alla ricerca del senso complessivo dell'opera, che le appare come una sorta di «sacra rappresentazione» trasposta. Non le sfugge la cadenza quasi liturgica delle parole con le quali gli amici di Accattone, seduti al bar di via Fanfulla da Lodi, chiosano e talvolta anticipano le diverse fasi della sua progressiva disfatta scandendole come se fossero «stazioni» di una *via crucis*.

Quando Accattone fin dalla prima scena del film lancia una sfida alla morte, la Parigi lo segue sul Ciriola, un galleggiante ancorato sul Tevere a pochi metri dal ponte di Castel Sant'Angelo. Assiste al suo pasto con gli amici come se si trattasse di una sorta di «ultima cena». Descrive il suo tuffo dal ponte come se fosse la caduta di un angelo cacciato dal paradiso. «Accattone mezzo nudo sulla spalletta del ponte ha dietro di sé la statua dell'angelo berniniano che tiene

5. P. P. Pasolini, «Una visione del mondo epico-religiosa», dibattito con gli studenti del Centro Sperimentale di Cinematografia, Roma, 9 marzo 1964, pubblicato in *Bianco e nero*, giugno 1964, ora in *Per il cinema*, a cura di W. Siti - F. Zabagli, t. 2°, Milano, Mondadori, 2001, 2.846.

6. Ivi.

in braccio una croce. Il cielo è lo sfondo su cui si stagliano la sagoma del suo corpo e della scultura bianca, risplendente al sole» (p. 138). Questa scena, sempre secondo la Parigi, trova un corrispondente simmetrico e al tempo stesso contrario nella conclusione della sequenza della balera, che segna l'avvio di Stella alla prostituzione. Questa volta la voluttà di morte, che caratterizza il personaggio di Accattone, non si realizza nel tuffo in acqua, ma nell'interramento. «Il suo volto affondato nella sabbia appare come una maschera funebre e diabolica insieme. Se prima è un angelo caduto dal cuore del cielo, scaraventato dal paradiso all'inferno, ora è un demone imbrattato di fango, sprofondato in un inferno senza uscita» (p. 139 s).

Il film è costellato di sguardi verso l'alto, soprattutto da parte del protagonista, e di invocazioni a Dio, alla Madonna, ai santi. A questi gesti e a queste parole si associano diversi segni di croce. Non si tratta di atti di devozione in senso stretto. La religiosità dei sottoproletari infatti mescola cattolicesimo e paganesimo sotto il segno di una inveterata superstizione. I riferimenti al cristianesimo sono legati al tema della morte, che percorre da un capo all'altro la pellicola. «Accattone ha le sembianze di un morto: le sue occhiaie sono scavate, il volto è solcato da chiaroscuri tragici; il corpo si muove come in *trance*, continuamente tramortito, quasi febbricitante, in preda a uno stordimento prolungato, in bilico tra la veglia e il sonno, l'essere e il nulla. Parla da solo, gettando le frasi nel vuoto, in faccia allo spettatore. I suoi ripetuti monologhi sono invocazioni dirette alla morte o confessioni di un moribondo» (p. 183).

Si giunge così alla sequenza finale, che si svolge nei pressi del monte Testaccio. «La sagoma del monte viene mostrata in otto inquadrature: nelle prime sei essa si staglia sullo sfondo della via in cui Accattone, Cartagine e Balilla [i tre ladri] si fermano per riposarsi e in cui, dopo il furto, riprendono a camminare e vengono arrestati dalla polizia. Nelle altre due inquadrature, invece, è mutata la prospettiva: il monte Testaccio è ripreso dalla strada che costeggia il Tevere e sulla sua cima è visibile una croce» (p. 184). Dopo la morte di Accattone, Balilla (Mario Cipriani), impacciato dalle manette che gli stringono i polsi, si fa il segno di croce. È l'ultima inquadratura del film. Dietro le spalle del ladro, appare la sagoma del monte Testaccio sul quale si staglia una croce. «Riproponendo la figura del

Golgota – conclude la Parigi – Pasolini raddoppia e intensifica, quasi di sfuggita e senza sottolineature o indugi retorici, il simbolo del Calvario» (p. 146).

«*La ricotta*»

I simboli della Passione, che appaiono con insistenza anche se in maniera velata nelle immagini di *Accattone*, tornano con maggiore incisività nel successivo film di Pasolini, *Mamma Roma* (1962), anche se, in questo caso, non è esclusa l'intenzione, da parte del regista, di fare di quei simboli un uso «rovesciato» simile a quello che, nello stesso periodo, veniva proposto da Luis Buñuel nel film *Viridiana* (1961). Ma è nel terzo film, *La ricotta*, episodio di *Rogopag* (1963), che Pasolini prende di petto il proprio rapporto, complesso e non privo di contraddizioni, con l'iconografia della Passione[7].

Nella prima parte del volume dedicato a questo film, della durata di 53 minuti, Subini ricostruisce sulla base di documenti di archivio le diverse fasi dell'elaborazione del progetto e della sua realizzazione; ripercorre l'itinerario delle disavventure giudiziarie nelle quali il film è incappato in occasione di un clamoroso processo che si concluse con la condanna del suo autore a quattro mesi di reclusione, con la condizionale, per il reato di vilipendio alla religione dello Stato; si sofferma in particolare sulla requisitoria del Pubblico Ministero Giuseppe Di Gennaro, in occasione della quale fu installata nell'aula del tribunale una moviola per consentire l'esame dettagliato delle sequenze incriminate. Secondo Subini, la lettura proposta da Di Gennaro si dimostra capace di svelare alcune delle più complicate trame significanti del film (cfr p. 50). Nonostante questo, però, non possono essere condivise le conclusioni alle quali il magistrato giunge circa le intenzioni «vilipendiose» dell'imputato[8]. La prima parte

7. Il titolo del film, *Rogopag*, è composto dalle prime sillabe dei nomi dei quattro autori degli episodi che compongono l'opera collettiva: Rossellini, Jean-Luc Godard, Pasolini e Ugo Gregoretti.

8. Tra le voci che si levarono in difesa de *La ricotta* e del suo autore ci fu quella del gesuita Domenico Grasso, professore di Teologia pastorale presso la Pontificia Università Gregoriana, il quale così scriveva a Pasolini: «La purezza delle sue intenzioni per me non lascia dubbi. Dalla stessa realizzazione [del film] credo sinceramen-

del volume si conclude con una serie di precisazioni sui 14 tagli o varianti introdotti nel film per iniziativa del produttore Alfredo Bini allo scopo di ottenere il dissequestro.

La seconda parte entra nel merito dell'analisi del film a partire dalla sua trama. Alla periferia di Roma, in un terreno incolto, disseminato di montarozzi irregolari e attraversato da un rigagnolo d'acqua putrida (la marrana della Caffarella) si sta girando un film in costume sulla passione di Gesù. Siamo nella zona compresa tra l'Appia Antica e l'Appia Nuova, denominata Acqua Santa. Tra le irregolarità del terreno spuntano qua e là antichi ruderi avvolti da una vegetazione selvatica. L'orizzonte è chiuso dai «casermoni» dell'edilizia popolare che si allarga a macchia d'olio oltre le mura della città. Mentre il regista (interpretato da Orson Welles) impartisce dalla sua sedia gli ordini per le riprese, Stracci (Mario Cipriani, già visto in *Accattone* nei panni di Balilla), un sottoproletario ingaggiato per interpretare il ruolo del ladrone buono, cerca disperatamente di sfamarsi tra una pausa e l'altra, avendo ceduto alla propria famiglia il cestino del pranzo a cui aveva diritto. Dopo essersi rimpinzato di ricotta e di ogni altra sorta di cibo che la *troupe* si è divertita a mettergli davanti, muore per congestione sulla croce durante le riprese.

Tra la stesura del copione de *La ricotta*, nella primavera del 1962, e le riprese, effettuate nell'autunno dello stesso anno, si colloca il soggiorno di Pasolini presso la *Pro Civitate Christiana* di Assisi, un'associazione cattolica laicale fondata da don Giovanni Rossi nel 1939, durante il quale il regista ebbe l'idea di girare un film sul Vangelo secondo Matteo. Pasolini aveva dunque un doppio motivo per identificarsi con il personaggio interpretato da Welles: primo perché, come regista, poteva vedere se stesso proiettato nella figura di un altro regista, secondo perché il regista nel quale si vedeva proiettato stava facendo un film di argomento simile a quello che lui aveva in mente di realizzare.

L'aspetto che si impone con maggiore evidenza ne *La ricotta* è il rapporto di affinità e allo stesso tempo di contrasto tra la vicenda di

te che non si possa tirare la conclusione di un voluto vilipendio alla religione. Le sue spiegazioni e, in particolare, il contatto avuto con lei mi fanno escludere il dolo nella maniera più evidente» (cfr p. 63).

Stracci, sottoproletario affamato che muore per indigestione su una croce, e il «film nel film»: la passione di Cristo che il regista interpretato da Welles sta traducendo in immagini spettacolari traendo ispirazione dalle composizioni raffinate e dai colori preziosi di due pale d'altare, rappresentanti entrambe la Deposizione, eseguite da due maestri del manierismo toscano, Jacopo Pontormo e il Rosso Fiorentino[9]. Il parallelismo tra le traversie del «povero cristo» e quelle del Modello al quale, sia pure indirettamente e implicitamente, esse si riferiscono, è qui più stringente di quanto non apparisse nei due film precedenti: *Accattone* e *Mamma Roma*. A renderlo tale è, fra l'altro, la presenza degli oggetti inerenti alla passione di Gesù, e in particolare la corona di spine e la croce, dotati di una valenza simbolica che li rende oggetti di culto nell'ambito della liturgia cristiana e della devozione popolare.

Alla corona di spine, ripresa in dettaglio, è dedicata una delle immagini più intense del film. La doppia valenza che l'oggetto assume in questo caso (inteso come attrezzo di scena e come simbolo religioso) consente a Pasolini di mettere in atto una serie di rinvii tra i due piani sui quali si sta simultaneamente muovendo. Il personaggio del regista richiede la corona per le esigenze sceniche del momento. Come osserva Subini, la richiesta viene sempre più degradata da uno stuolo di servi che ironicamente rilanciano l'ordine con moto discendente finché (e siamo al dettaglio) due mani prelevano da una piccola discarica, piena dei rifiuti del *boom* economico, l'oggetto che è stato appena irriso e lo innalzano al cielo, restituendogli sacralità, con un movimento contrario a quello descritto nelle inquadrature immediatamente precedenti (cfr p. 107 s). L'incrocio tra i due movimenti contrari, quello discendente e quello ascendente, domina l'intero film. Il movimento discendente è presente tutte le volte che il personaggio del regista esegue il suo lavoro, che consiste nel trasferire sullo schermo, con immagini che assomigliano alle riproduzioni di un libro d'arte in edizione di lusso, la passione di Gesù. Il movimento ascendente è adottato quando viene presentata sullo

9. La pala del Pontormo si trova nella chiesa di Santa Felicita a Firenze, quella del Rosso è custodita nel museo civico di Volterra.

schermo l'umile figura del «morto de fame» o quella dei suoi familiari.

Nel riproporre con mezzi cinematografici i due quadri di Pontormo e del Rosso in sequenze a colori che si inseriscono a contrasto nel bianco e nero del film, Pasolini ne esalta l'eleganza che caratterizza il loro stile. Nel contempo però ne sminuisce l'ostentata e non del tutto sincera sacralità inserendo nelle riprese «raddoppiate» (nel senso di ripresa di un'altra ripresa) una serie di elementi di disturbo, che funzionano come vere e proprie *gag*, in palese contrasto con l'argomento religioso del soggetto. Qua il fotografo è sorpreso mentre misura la luce sul volto della Maddalena, là una sarta indugia nell'aggiustare le pieghe al costume di una comparsa. La testa di un «negro» entra in campo quando non dovrebbe. Un figurante è sorpreso nell'atto di scaccolarsi. Nel quadro del Rosso l'interprete di Cristo si mette improvvisamente a ridere. In quello di Pontormo, coloro che sorreggono il corpo che viene deposto dalla croce perdono l'equilibrio e lo fanno ruzzolare per terra.

La passione di Cristo e la morte di Stracci, una trascinata verso il basso, l'altra sospinta verso l'alto, sembrano contrapporsi dentro il film in maniera reciprocamente incompatibile. In realtà, trattandosi in entrambi i casi di rappresentazioni cinematografiche, le due storie, non soltanto sono più vicine di quanto possa sembrare a prima vista, ma, a pensarci bene, sono la stessa storia raccontata in due modi diversi.

Il contrasto tra la passione di Cristo e la passione di Stracci, che non può non apparire stridente ne *La ricotta*, non riguarda la sostanza dei due racconti, ma il modo in cui essi vengono rappresentati con il cinema. Era questo il problema che in quel momento angustiava Pasolini. Volendo passare dalla rappresentazione indiretta o allusiva della Passione alla rappresentazione diretta, si chiedeva in che modo avrebbe dovuto comportarsi. Riteneva di non essere credente. Non poteva pertanto far leva su un'ispirazione religiosa intesa nel senso tradizionale del termine. Il pericolo che gli si presentava davanti era quello di fare un'opera insincera. Per questo, nel girare *La ricotta*, attribuisce al personaggio del regista i tratti tipici di un intellettuale del XX secolo, arido e cinico, che non crede in quello che fa. Pasolini fa compiere al personaggio di Welles gli errori che non avrebbe voluto fare lui quando si sarebbe trovato sul *set* del suo *Vangelo*.

Il richiamo di Assisi

Nello scorrere i due libri della Parigi e di Subini, ricchi di osservazioni acute e di indicazioni preziose, ci è tornata in mente una conversazione avuta non molto tempo fa con Lucio Settimio Caruso, il volontario della *Pro Civitate Christiana* che fu amico di Pasolini e fece da tramite tra il regista e don Giovanni Rossi in occasione della preparazione e della realizzazione del film *Il Vangelo secondo Matteo*. Anziano, ma perfettamente lucido, il dott. Caruso trascorre i suoi giorni presso la Cittadella di Assisi. Seguiamo il suo racconto.

«Come tutti i registi italiani – egli dice – anche Pasolini riceveva ogni anno una lettera d'invito al convegno dei cineasti che si svolgeva ad Assisi per iniziativa di don Giovanni Rossi e dei volontari della *Pro Civitate Christiana*. Le lettere erano inviate indistintamente a tutte le personalità dell'ambiente cinematografico e, *pro forma*, anche a Pasolini. Ma chi mandava quell'invito sperava in realtà che Pasolini non lo accettasse perché, nel clima che si respirava in quegli anni (prima del Concilio Vaticano II), una sua eventuale presenza ad Assisi era ritenuta imbarazzante. Io ero incaricato di tenere i contatti con il mondo del cinema. Un giorno don Giovanni mi chiede: "Chi è, secondo te, il cineasta più lontano dalla fede e dalla morale cristiana?". Risposi senza esitazione: "Pasolini". Mi disse: "Va' a cercarlo e convincilo a venire qui".

«Andai prima di tutto a vedere i film di Pasolini, di cui conoscevo soltanto l'opera letteraria. Vedo *Accattone* e mi comuovo. Vedo *Mamma Roma* e mi entusiasmo. Cerco di mettermi in contatto con lui e mi accorgo che i primi approcci non sono facili. Era diffidente nei confronti dell'ambiente cattolico. Dopo molta insistenza da parte mia, accettò di venire ad Assisi per partecipare al convegno che ci sarebbe stato ai primi di ottobre del 1962. Venne, ma non partecipò ai lavori del convegno. Rimase chiuso in camera dicendo che aveva un forte mal di testa. Avrebbe dovuto tornare a casa la sera stessa, ma io riuscii a trattenerlo dicendogli che dopo cena ci sarebbe stata nella nostra comunità una lettura di suoi versi tratti dalla raccolta *La religione del mio tempo*. Il mio amico Paolo Scappucci, che aveva una dizione perfetta, lesse i versi che fecero una bellissima impressione in comunità. Pasolini si sentì circondato da una grande stima e un grande affetto. Rimase allo stesso tempo sconvolto e contento. Così nacque la nostra amicizia.

«Il giorno dopo, il traffico in città era bloccato perché era in visita il papa Giovanni XXIII. La mattina passeggiammo per Assisi tenendoci fuori dalle rotte del corteo papale. Volle che lo portassi nella basilica di San Francesco per vedere gli affreschi di Giotto. Abbiamo visitato la cappella del pellegrino e altri monumenti dell'Assisi minore. Nel primo pomeriggio lo portai al santuario di San Damiano, dove fu colpito dalla semplicità del luogo, tanto più che io avevo incominciato a parlargli del rapporto di san Francesco con la povertà. Rimase letteralmente scioccato quando non lontano da San Damiano visitammo una comunità di piccole sorelle di Gesù (la congregazione fondata da Charles de Foucauld). C'era una suora italiana e lui cominciò a farle delle domande. La suora parlò degli emarginati; disse che non si può fare apostolato se non si assume la stessa condizione umana delle persone alle quali ci si rivolge eccetera.

«Sulla via del ritorno, non so in che modo, il discorso cadde sulle rappresentazioni cinematografiche della vita di Gesù. Disse che, secondo lui, tutti i film su Gesù che erano stati fatti fino ad allora erano blasfemi e osceni. Quasi senza pensarci, gli dissi: "Soltanto il regista di *Accattone* sarebbe capace di fare un film sul figlio di un povero falegname di Nazaret". Ricordo che a queste mie parole seguì una lunga pausa di silenzio.

«Nelle settimane successive i rapporti tra Pasolini e la Cittadella si raffreddarono. Cercai di riprendere il dialogo, ma senza riuscirci. Dopo un paio di mesi lo vidi tornare ad Assisi come un cane bastonato. Ci disse: "Io non posso vivere senza fare un film su Gesù Cristo. La colpa è vostra perché, quando sono venuto qui, mi avete messo in camera il libro dei Vangeli che ho letto avidamente". Gli dicemmo che in tutte le camere della Cittadella c'è una copia dei Vangeli e che pertanto non avevamo voluto tirarlo dalla nostra parte ricorrendo a questo stratagemma. Ci disse che il suo film su Gesù non avrebbe dovuto offendere la sensibilità dei cattolici e per questo motivo aveva bisogno della nostra collaborazione. Disse così: "Vi chiedo di aiutarmi perché, non essendo io credente, non mi capiti di offendere senza volerlo la fede di chi crede".

«Successivamente venne ad Assisi con il produttore Bini e con mons. Francesco Angelicchio, un sacerdote molto zelante e di larghe vedute, che allora dirigeva il Centro Cattolico Cinematografico. In quell'occasione c'era anche un fotografo (chiamato evidentemente da Bini), il quale "immortalò" l'abbraccio di don Giovanni con Pasolini. Uscirono articoli e foto su molti giornali, compreso *il Borghese*, che pubblicò un attacco velenoso nei nostri confronti. Poi Pasolini ci mandò un abbozzo delle prime pagine della sceneggiatura, che non era una sceneggiatura vera e propria, ma il testo del Vangelo di Matteo intercalato con alcune note di regia. L'impostazione del lavoro ci piacque e decidemmo di andare avanti.

«Quando il lavoro della sceneggiatura fu completato, chiedemmo a Bini di farne ciclostilare diverse copie, che inviammo a rappresentanti autorevoli della cultura cattolica, per avere un parere. Ricordo che Romano Guardini, interpellato, disse che la vita di Cristo non può essere tradotta in immagini e pertanto il film era assolutamente da non farsi. Nel frattempo era esploso il caso *La ricotta* con il processo e tutto quello che ne seguì. Quando Pasolini mi fece vedere in una proiezione privata *La ricotta* rimasi sconcertato. Gli dissi che quel film metteva in cristi tutti i miei parametri di cattolico. Don Giovanni insistette perché prima delle riprese del *Vangelo* Pasolini facesse un viaggio in Terra Santa assieme con me e don Andrea Carraro, il biblista della *Pro Civitate*, che avrebbe dovuto fornire al regista la consulenza esegetica. Per Pasolini quel viaggio aveva un carattere tecnico: vedere i luoghi dove Gesù era vissuto per poter poi trovare altrove luoghi analoghi. Nelle intenzioni di don Giovanni quel viaggio era un vero e proprio pellegrinaggio. Un atto di devozione che avrebbe messo il regista e i suoi collaboratori sulla buona strada».

Caruso prosegue ricordando il senso dei colloqui che ha avuto con Pasolini durante la lavorazione del *Vangelo*. «Don Andrea e io – egli dice – ci astenemmo di proposito dal partecipare alle riprese del film. Avevamo avuto da don Giovanni la consegna di non tentare in nessun modo di condizionare il lavoro del regista. Dovevamo tenerci semplicemente a disposizione per rispondere alle sue domande. Queste consultazioni avvenivano per telefono, con conversazioni che a volte superavano la mezzora, oppure a Roma, nel laboratorio Catalucci, dove Pasolini ci faceva vedere il materiale girato e premontato. Le domande che Pasolini rivolgeva a don Andrea erano in prevalenza di carattere esegetico. Con me parlava piuttosto del significato globale del film. Ricordo che una volta ci telefonò per chiederci se i soldati che arrestarono Gesù erano alle dipendenze del Sinedrio oppure soldati romani. Gli dicemmo che erano guardie del Sinedrio. Non ricordo quanti altri problemi di questo genere si presentarono durante la lavorazione, ma ricordo che ci furono discussioni molto vivaci a proposito dei miracoli.

«La scena con Gesù che cammina sulle acque, da un punto di vista della resa cinematografica, era tra le più deboli del film. Pasolini avrebbe voluto tagliarla. Diceva che i miracoli non sono essenziali alla figura del Cristo. Io replicavo che la rappresentazione dei miracoli era una questione di fedeltà al testo di Matteo che lui aveva deciso di rispettare alla lettera.

«Il problema grosso arrivò, verso la fine della realizzazione del film, quando ci mettemmo a discutere sul modo in cui doveva essere rappresentata la risurrezione di Gesù. Pasolini cominciò con il dire che non se la sentiva di girare questa scena perché lui non era credente eccetera. Avrebbe preferito chiudere il film con la morte e il seppellimento di Gesù. Questo suo atteggiamento allarmò moltissimo noi della *Pro Civitate*. Pasolini si rese conto del nostro imbarazzo e cominciò a sviluppare una serie di ipotesi. La risurrezione avrebbe potuto essere rappresentata come una soggettiva mentale degli apostoli che ricordano Gesù come era prima della sua morte, oppure come l'apparizione di un fantasma, una figura incorporea.

«A questo punto intervenne don Giovanni con tutto il peso della sua autorità. Ricordo che parlando con Pasolini al telefono gli disse: "Se tu non fai il Cristo risorto, non fai il Cristo di Matteo e noi non potremo avallare il film come corrispondente allo spirito del Vangelo"». Pasolini era molto combattuto su questo argomento. A un certo punto ricordo di essermi accorto, con grande sollievo, che stava cambiando opinione o, per lo meno, cambiava il suo atteggiamento nei confronti del film.

«Ciò accadde a partire dal taglio della scena della corruzione dei soldati. Dopo il ritrovamento della tomba vuota si vedevano, come dice Matteo, i sacerdoti che davano soldi ai soldati posti a guardia della tomba per indurli a rilasciare una falsa testimonianza circa il furto del corpo di Gesù avvenuto mentre dormivano. Pasolini aveva girato questa scena e, facendomela vedere, mi chiese cosa ne pensavo. Gli dissi che in quel momento, dopo tutto quello che era accaduto sul Golgota, la presenza dei sacerdoti risultava a mio avviso ingombrante. Erano figure già viste, che appartenevano al passato e che, secondo me, erano morte. "Allora lei mi autorizza a togliere questa scena", disse Pasolini. "Non solo autorizzo il taglio – risposi –, ma lo auspico".

«Pasolini rimase contento di questa mia risposta e, dopo di allora cominciò a pensare che il film non avrebbe dovuto finire come una tragedia, ma... "come un *western*". Diceva proprio così. Lui era un appassionato di film *western* che amava vedere nelle sale cinematografiche di periferia, dove i giovani all'arrivo dei "nostri" si alzavano in piedi e applaudivano. Voleva per il suo film un finale liberatorio di questo genere. Io penso che quando ha girato la scena della risurrezione, alla fine del film, lui ci credesse veramente, non nel senso di una fede religiosa, ma ci credeva poeticamente, come conclusione giusta del lavoro che stava facendo».

Pasolini ha dunque cambiato parere, come spesso gli accadeva, durante la lavorazione di un film. Le parole di Caruso suggeriscono l'ipotesi, che trova riscontro nella visione del film, che *Il Vangelo secondo Matteo* sia stato fatto da un uomo che, ritenendo di non avere la fede, cerca di appropriarsi, mediante un'ardita operazione di stile, del punto di vista di un ipotetico credente. È forse nell'intera storia del cinema l'unico film che rechi nello scorrere delle sue immagini la traccia di un problema di questo genere vissuto nel corso della realizzazione della pellicola: la tensione tra la difficoltà di credere e la consapevolezza dell'impossibilità di riuscire a fare un film poeticamente valido mantenendosi estraneo a un'ottica di fede.

IL FILM DEI MIEI RICORDI

Virgilio Fantuzzi S.I.

Tra le carte di casa di Pasolini sono stati trovati alcuni quaderni scritti a penna con grafia ordinata, sintassi chiara e pulita, chiusi in un involucro di cartone legato con lo spago. È il manoscritto di un romanzo compiuto[1]; l'autore però non è il noto scrittore, ma sua madre, Susanna Colussi (1891-1981), che ha vissuto tutta la vita accanto al figlio. Molto probabilmente Pier Paolo non ha mai letto quelle pagine. Non sapeva che sua madre si chiudeva in camera, spesso alla controra, per scrivere un lungo racconto dedicato ai Colussi, nati in Friuli, a Casarsa della Delizia, oggi provincia di Pordenone. È la storia della famiglia di Susanna, dal periodo napoleonico alla prima decade del Novecento. Il manoscritto è privo di un titolo. Il titolo del volume che ne è stato ricavato, a cura di Graziella Chiarcossi nipote ed erede di Susanna, è tratto da un passaggio del lungo racconto: «La più lontana visione nel film dei miei ricordi...».

Vincenzo

Nel raccontare la storia dell'avo Vincenzo Colussi, vissuto a cavallo tra Settecento e Ottocento, Susanna ne esalta, come fa con altri personaggi del romanzo, l'avvenenza fisica e lo spirito di avventura. «Aveva una mente piena di fantasia e l'anima irrequieta e desiderosa di espandersi» (p. 12). Un mattino di primavera, senza salutare nessuno, parte a spron battuto in groppa al suo cavallo bianco, dono del nonno, e va in Lombardia ad arruolarsi tra i dragoni dell'imperatore Napoleone. Era il tempo in cui l'imperatore dei francesi stava preparando la sfortunata

1. Cfr S. Colussi Pasolini, *Il film dei miei ricordi*, Milano, Archinto, 2010, 517, € 18,00. Le citazioni che seguono rinviano alle pagine di questo volume.

campagna di Russia. Durante la ingloriosa ritirata, ferito a una spalla, col cavallo esausto, vaga per Paesi sconosciuti, coperti di neve. In una notte di delirio, sentendosi morire per il freddo, uccide il cavallo e «con l'orribile sciabola gli squarciò il ventre, aprì una fessura quant'era lungo il suo corpo [...] e nel tepore di quelle viscere rannicchiò il suo corpo tremante per la febbre e per il gelo» (p. 15).

La descrizione che segue rende onore al titolo del libro. Sembra infatti la «soggettiva» di un film. «Nell'alba un timido sole cosparse di diamanti il soffice bianco tappeto e distese una lieve nebbiolina bianco-cerulea gemmata come un velo da sposa per una regina» (p. 16). Quasi per miracolo, giunge una slitta trainata da due cavalli con a bordo un uomo e una ragazza di nome Susanna (l'ava dalla quale la scrittrice erediterà il nome di battesimo), promessa sposa a un ricco possidente di nome Davide. L'uomo che l'accompagna è suo padre. Stanno per andare nella vicina città a comperare l'abito da sposa per le nozze imminenti. Siamo in Polonia, anche se Vicenzo non lo sa. Tratto in salvo e curato nella casa di gente povera, ma laboriosa, Vincenzo guarisce. Ma Susanna, che nel frattempo si è innamorata del bell'italiano, non vuole più saperne di Davide, al quale si era promessa soltanto per fare contento suo padre. Per Vincenzo si tratta di fuggire (di nuovo) e questa volta in compagnia di una giovane.

La fuga è il tema ricorrente del libro. Di notte, mentre tutti dormono, Vincenzo e Susanna, in groppa allo stesso cavallo, partono al galoppo. La scrittrice descrive lo stato d'animo della giovane. «Quali saranno stati i pensieri di Susanna lungo quel fantastico volo nella notte? Forse i suoi pensieri non ebbero forme precise: con il suo capo vicinissimo al petto di quel giovane ignoto che a lei pareva di aver sempre conosciuto e di cui sentiva quasi i battiti del cuore, le sarà parso di continuare un sogno cominciato chissà quando e che anelava non giungesse mai alla fine» (p. 41). Non si può non pensare allo stato d'animo della Susanna che scrive, anche lei in fuga da Casarsa verso Roma con il figlio Pier Paolo in una gelida mattina del gennaio 1950.

Vincenzo e Susanna fanno sosta in un paese sul confine francese dove vengono ospitati dagli zii di lei, i quali consigliano ai due di sposarsi. Giungeranno poi a Casarsa dove la loro vita proseguirà senza che mai una nube venisse a offuscare i sereni rapporti tra i due coniugi. «La casa tutt'altro che ricca di Vincenzo parve sempre a Susanna una reggia perché ella vi abitava con il suo re. E tutti, familiari e paesani, ammirarono sempre la grazia e la bontà della dolce Susanna» (p. 44).

Peppino e Paolo

Da Vincenzo e Susanna nascono Maria, nonna di Susanna numero due, e Peppino. Maria, fonte principale delle notizie raccolte nel libro, nasce nel 1822. Peppino qualche anno dopo. «Assomigliava moltissimo a suo padre – scrive Susanna –. Lo stesso corpo alto e snello, gli stessi capelli ondulati, colore dell'oro antico, gli stessi occhi neri» (p. 50). Peppino sapeva leggere. Amava la pittura e la musica. Una sera, nel corso di una rustica festa di carnevale, viene arrestato dalle guardie austriache. Il Friuli, come tutto il lombardoveneto, era allora dominato dall'Austria. Aveva cominciato a frequentare Fiorina, una ragazza di Valvasone ricca e bella, la quale aveva avuto una precedente relazione con un tipo losco, che mirava alla sua dote. Questi, dopo essersi finto amico di Peppino e avergli carpito alcuni segreti sulle sue simpatie politiche per il Piemonte, lo aveva denunciato.

Inizia il calvario del giovane patriota. Nella vita dei suoi genitori si spegne per sempre il sorriso. Dopo aver soggiornato a lungo in diverse carceri austriache, Peppino tornò a casa, ma vi ritornò per morire. Aveva poco più di vent'anni. «L'orrenda prigione, la fame, i maltrattamenti, la forzata ignavia, la nostalgia minarono la sua già fiorente salute. La madre non abbracciò che l'ombra di quel suo figlio già tanto bello e tanto forte» (p. 63). La bella Fiorina, causa innocente delle sofferenze di Peppino, dopo aver atteso con fiducia il suo ritorno e dopo averlo accompagnato piangendo al cimitero, si fece suora di carità ed ebbe modo di assistere, nelle successive guerre d'indipendenza, quei giovani che, come il suo Peppino, diedero il sangue per la patria.

Il libro di memorie familiari subisce a questo punto una digressione. Siamo tra il VI e il VII secolo. Un popolo barbaro, venuto da chissà dove, aveva oltrepassato le Alpi, era sceso nel Friuli, aveva messo a ferro e fuoco Cividale e Udine, spargeva terrore nelle campagne circostanti. I Colussi lavoravano la terra per conto del patriarca di Aquileia. Proprio in quei giorni avrebbero dovuto portare al loro signore il vino nuovo, le noci e altri frutti. Paolo, un giovane di vent'anni, si offrì di portare le derrate al patriarca e di chiedergli se aveva bisogno di aiuto. Partì con un grande carro carico, tirato da forti cavalli. Sotto la minaccia dei barbari, Aquileia era in subbuglio. «Cavalli, buoi, carriaggi, masserizie, uomini e donne eccitati dall'imminente pericolo, fanciulli trascinati dalle madri, altri portati in collo, vecchi arrancanti, strade ingombre, case risonanti di richiami e di grida...» (p. 73).

Il patriarca non voleva fuggire. Soltanto dopo lunghe insistenze i suoi dignitari riuscirono a convincerlo a mettere in salvo se stesso e le cose più preziose. I servi però erano tutti fuggiti. I cavalli erano scomparsi dalle scuderie e le carrozze dalle rimesse. Nel gran cortile soltanto Paolo finiva di scaricare il grande carro. Presto. Presto. Il carro fu riempito con il tesoro del duomo e lo stesso patriarca si decise a salirvi. Mentre le prime orde selvagge avanzavano verso le mura della città, Paolo spronava i quattro forti cavalli verso la laguna dove la merce preziosa fu scaricata in alcune barche. Prima di partire verso le isole dove in seguito sarebbe sorta Venezia, il patriarca volle che gli fosse presentato il giovane che lo aveva tratto in salvo. Lo benedisse e gli assicurò che si sarebbe sempre ricordato di lui e della sua famiglia.

Sulla via del ritorno, Paolo va a soccorrere una fanciulla della quale era segretamente innamorato. Colpito da una freccia scagliata da uno dei barbari invasori, muore sul carro. I cavalli, che conoscevano la strada, riportano a casa il suo cadavere. «Quando il carro entra nel cortile, tutti escono gridando di gioia. La madre di Paolo vorrebbe correre e non può, rimane come inchiodata in mezzo alla cucina. I gridi di gioia tacciono improvvisamente. Silenzio. La madre sente un tremito per tutta la persona, il cuore le si ferma. Gli uomini entrano portando a braccia qualcuno col viso bianco, i riccioli biondi scomposti, le braccia abbandonate. "Paolo, Paolo!". L'urlo disumano della madre non riesce a svegliarlo» (p. 78).

Vincenzino nipote di Vincenzo

Nonna Maria sposa un cugino, Domenico, che ha lo stesso cognome: Colussi. Nel 1844 nasce il loro primo figlio maschio, Vincenzino, il quale manifesta fin dalla prima infanzia segni di straordinaria irrequietezza. Nella primavera del 1859, giunse a Casarsa l'eco della guerra scoppiata in Piemonte, nella Lombardia, nel Veneto. La Francia entrava in guerra con i piemontesi contro l'Austria. Vincenzino partì, per andare alla guerra. Si trovò quindicenne nei pressi di Solferino mentre infuriava la battaglia. Un sacerdote di Casarsa, Pre' Valantin, si era arruolato volontario come cappellano militare nell'esercito sabaudo. Lo vide e lo ingaggiò come portantino per soccorrere i feriti.

Quando ebbe vent'anni, nel 1864, dovette arruolarsi nell'esercito austriaco. Fu incorporato in un reggimento di cavalleria, ma ben presto fuggì con il suo cavallo. Dopo un viaggio avventuroso, attraversò i confini della Francia e giunse, lacero e sfinito, in una città dove, avendo bussato a un portone accanto a una chiesa, fu ospitato niente meno che dal vescovo, il quale, dopo averlo rifocillato, lo mise a lavorare nella cattedrale. Vincenzino non era adatto per fare il sacrestano. Dopo qualche mese, ringraziò il vescovo e voleva accomiatarsi da lui, ma questi gli offrì un altro lavoro più conveniente: aiutare sua nipote a gestire una grande fattoria. Vincenzino si applica con impegno al nuovo lavoro. Introduce innovazioni nella coltivazione della campagna. Tutto procede a meraviglia finché un giorno giunge nella fattoria una ragazza trovatella, Pierrette, adibita a umili servigi.

Tra Vincenzo e Pierrette nasce una reciproca simpatia, che non oltrepassa mai però il limite del riserbo imposto dalle circostanze. Anche la nipote del vescovo si invaghisce dello charmant italien che era molto ammirato da tutta la popolazione femminile del luogo. La padrona allontana Pierrette dalla fattoria per non vederla ronzare in continuazione attorno a Vincenzino. Poi, con l'aiuto dello zio vescovo, rivolge lei stessa al giovane una proposta di matrimonio. Vincenzino pensa alla sua famiglia, all'aiuto che potrebbe dare, diventato ricco, ai genitori e ai suoi numerosi fratelli (dieci, compreso lui, tra maschi e femmine). Si risolve per il matrimonio anche se non è proprio un matrimonio d'amore. Il giorno delle nozze, la povera Pierrette si toglie la vita.

Con il permesso della moglie, Vincenzino rientra per qualche tempo a Casarsa dove è accolto con entusiasmo dall'intera tribù.

«Fece molte compere e regali; spendeva con una specie di frenesia, pareva che il denaro lo nauseasse e lo volesse cacciare dalle tasche. Tanto che sua madre se ne impensieriva e di un'altra cosa si impensierì la buona donna: Vincenzino non parlava mai della moglie, strano in uno sposo novello; anzi cambiava subito discorso non appena qualcuno vi accennasse» (p. 149).

In un momento di intimità, mamma Maria, buona e saggia, invita il figlio a dirle come stanno le cose. Lui le parla a cuore aperto. «Caro il mio Vincenzino – dice la mamma –, tu, abituato sempre a obbedire ai tuoi impulsi senza curarti di riflettere, hai ragionato proprio nell'unico caso, secondo me, in cui bisognava lasciar parlare il cuore. Ma, figlio mio, non prendertela più del necessario. Io penso che quella povera creatura ha avuto anche lei il torto di infatuarsi esageratamente...» (p. 150). Tornato in Francia, Vincenzino si arruolò nell'esercito francese che nel 1870 combatteva contro la Prussia. Di lui non si seppe più nulla. Fu dato per disperso. Quando in famiglia si deplorava la morte immatura di Vincenzino, sua madre soleva dire: «L'anima in pena di quella povera ragazza che si uccise per lui, l'ha chiamato: erano destinati l'una per l'altro» (p. 151).

Peppino numero due

Uno dei dieci figli di Maria e Domenico è Peppino, che fin dall'infanzia si fa conoscere per una straordinaria generosità. La prima prodezza di Peppino fu la sua fuga dal seminario di Portogruaro. Decisamente, non era tagliato per la carriera ecclesiastica. Aveva però un grande cuore. «Si toglieva, per così dire, il pane dalla bocca per darlo a chi avesse più fame di lui» (p. 157). Levarsi di dosso la camicia nuova per darla a un povero vecchio, fare lo stesso con un berretto di pelo, col giubbone ereditato dal nonno o con le scarpe della festa... «Non sarà un po' tocco nel cervello quel figlio?», si chiedeva preoccupata la madre (p. 157). Sapendo che un ragazzo della sua età (aveva 18 anni), figlio di poveri mezzadri, stava per andare a sposarsi in maniche di camicia, gli mette sulle spalle la sua giacca nuova. Sua sorella Marianna, che stravedeva per lui, corre a regalare il migliore dei sui grembiuli alla sposa, che stava per maritarsi anche lei in camicia.

Paolo, fratello maggiore di Peppino, aveva trovato un buon posto di lavoro in una grande città dell'Emilia dove aveva prestato servizio militare. Aveva sposato una romagnola bella e di gran cuore, di nome Elisa, con idee molto più aperte di quelle che vigevano nel vecchio paese dei Colussi. Avendo ottenuto anche lui un posto nello stesso stabilimento, Peppino fu ospitato dal fratello e dalla cognata. Elisa aveva un'amica, di nome Clementina, una ragazza messa incinta da non si sa chi. Che è che non è, le due donne si accordano per inventare una storia fantomatica, messa in piedi per impietosire l'ingenuo Peppino. Questi se la beve e, dopo alcune complicazioni sulle quali sorvoliamo, sposa Clementina. Il bambino di lei, nato gracile, nel frattempo era morto.

Il racconto subisce, a questo punto, una nuova breve digressione. Seguendo i pensieri di Peppino, Susanna descrive con colori vivaci la celebrazione della Pasqua a Casarsa negli anni a cavallo tra Ottocento e Novecento, e rievoca la rivalità degli abitanti del Comune con quelli della vicina frazione di San Giovanni. In tale contesto si trova un accenno all'invasione del Friuli da parte dei turchi e del miracolo con il quale, per intercessione della Madonna, gli invasori furono messi in fuga. A questo episodio, dai colori leggendari, Pasolini ha dedicato un dramma giovanile, I turcs tal Friul, scritto in lingua friulana e rimasto inedito fin dopo la sua morte[2].

Solo dopo il matrimonio Peppino si rende conto del comportamento scorretto di sua moglie e della suocera, che lui ha accettato venisse ad abitare con loro. Di punto in bianco decide di partire per Casarsa con Clementina e di affidarla ai suoi familiari mentre lui prosegue con un'altra fuga, ancora più lunga, verso l'America. Dopo venti anni che non se ne sapeva nulla, giunge nella casa dei genitori la notizia della morte di Peppino, il quale, spinto da uno slancio di generosità, mentre con una squadra di lavoratori stava costruendo un ponte su un fiume del Canada, per soccorrere un compagno precipitato nell'acqua, si era tuffato e lo aveva raggiunto ma, presi tutti e due in un gorgo, erano spariti entrambi in una vertiginosa cascata.

2. Cfr «I turcs tal Friul» (I turchi nel Friuli), in P. P. Pasolini, *Teatro*, a cura di W. Siti - S. De Laude, Milano, Mondadori, 2001, 39-80.

Susanna, allora bambina, si trovava accanto alla nonna mentre riceveva la terribile notizia. «Sentii tremare il corpo mingherlino della nonna che si mise a singhiozzare – ella scrive –. Fin da allora nulla mi parve più straziante del pianto di una vecchia madre per il figlio perduto, per il figlio ch'ella vede sempre giovane, bello, forte e che non è più sulla terra mentre lei, vecchia e cadente, ancora vi rimane a patire. Io, bimbetta, provai un dolore esagerato a questo racconto: forse, come mi accadde in altri casi, che io allora non percepii ma che ricordai molti anni dopo, per non so quali vie sotterranee giunse al mio subconscio un terribile avvertimento di un dolore immenso che il destino piano piano e inesorabile mi stava preparando» (p. 269). Con queste parole Susanna si riferisce al dolore che ha provato per la morte del figlio minore Guido, ucciso nei primi mesi del 1945 in uno scontro fratricida tra partigiani della Brigata Osoppo, alla quale apparteneva, e partigiani della Brigata Garibaldi che, in combutta con i partigiani sloveni di Tito, intendevano annettere alla Iugoslavia una parte del Friuli[3].

Domenico

Nel raccontare la vita di suo padre, Domenico Colussi, Susanna abbandona la voce della nonna Maria, madre di Domenico, che è stata finora la grande affabulatrice del libro, e passa alla testimonianza diretta. Ha inizio la seconda parte del volume, alla quale, più che alla precedente, si attaglia il titolo dell'opera complessiva. «La più lontana visione del film dei miei ricordi – scrive Susanna –: un pomeriggio domenicale di fine estate, in camera di mia madre, mio fratello Centin, forse sei anni, io non più di tre, siamo seduti ben composti sul gran letto, fermi buoni per non sgualcire i nostri vestiti nuovi: lui con un vestitino bianco alla marinara, bordato di turchino, io in mussola di lana bianca a fittissime piegoline guarnita di nastri azzurri [...]. Vestiti straordinariamente eleganti per quel tempo nel nostro paese di contadini. Ce li mandava la zia di Tori-

3. Il dolore per la morte del figlio Guido si rinnoverà per Susanna con la morte altrettanto tragica dell'altro figlio, Pier Paolo, avvenuta in circostanze non ancora del tutto chiarite la notte del 2 novembre 1975.

no...» (p. 294). La mamma di Susanna, Giulia Zacco, era di origine piemontese. Il padre, Domenico Colussi, ultimo dei figli maschi di nonna Maria, era uno spirito ameno, del quale la figlia non manca di delineare il carattere.

«Alla sagra, babbo e mamma ballano sulla piattaforma all'aperto, si tengono stretti come due fidanzati: è la più bella coppia; mio fratello e io tenendoci per mano stiamo a guardarli, fieri di loro, ma Centin è più contento quando la mamma ci raggiunge quantunque un po' inquieta e nervosa perché papà balla con una bella ragazza... ma, per poco» (p. 295).

L'amore vero di Domenico era un'allodola, da lui raccolta implume e allevata come una figliola. «Quell'allodola accompagnò con il suo canto tutta la nostra età dell'oro. Il babbo le parlava pulendole la gabbia o dandole da mangiare [...], ma quella bestiola si meritava tutti i riguardi. Aveva imparato il fischio del babbo quando chiamava Centin, imitava la voce di ognuno di noi quando chiamavamo mamma o papà, e salutava ognuno con la sua voce quando ci vedeva entrare in cucina» (p. 298 s). Oltre all'allodola, Domenico aveva un merlo, al quale aveva insegnato a fischiettare l'Internazionale. Lo teneva non in cucina come l'allodola, ma nella bottega degli attrezzi agricoli, adiacente alla distilleria-spaccio delle grappe, che era l'industria di famiglia. «Bisogna dire che la bestiola era di un'intelligenza non comune [...]: quando vedeva passare la tonaca di un prete, o il cappello duro di un grasso borghese, o i pennacchi rosso-blu dei carabinieri, o la gonna di seta frusciante della contessa, ecco che, con un preludio vicace, intonava la marcia mettendoci un gusto matto» (p. 333), con grande spasso dei monelli, bisogna aggiungere, e con disappunto dei clienti abbienti, che cominciarono a disertare lo spaccio dei Colussi.

Centin

Parlando del fratello Centin (Vincenzino), di tre anni più grande di lei, Susanna non ha che da ricordare, in primo luogo, le marachelle compiute insieme. «Ci piaceva, durante la stagione calda, tombolare tra l'erba fresca sulla riva della roggia o sul verde praticello intorno al pozzo, all'ombra dei salici, oppure, dopo qualche furioso acquazzone, quando l'acqua straripando allagava la piazza, navigare dentro un mastello spinto da due pertiche a mo' di remi... e bagnarci come pulcini» (p. 338). Susanna e Centin avevano un agnellino, dono di una zia senza figli, Marianna, che li riempiva di carezze e di regali. «Piccolino, bianco, tutto un ricciolo; un batuffolo, un giocattolo [...]. Lo chiamavano Ninon e per lui diventammo pastorelli» (p. 296). Quando venne il tempo di tosarlo per la prima volta, la nonna si rivolse a un uomo ritenuto esperto, ma che fece subito una cattiva impressione ai due bambini. «"Non vorrei che toccasse il nostro Ninon: ha persino le croste sulle mani tanto sono sudicie", brontolò Centin. "Proprio – aggiunsi io – non ti pare che assomigli all'orco? Sai, quello delle fiabe che divora una pecora in quattro bocconi?» (p. 299 s). L'omaccione, esperto in tosatura delle pecore, strapazzò a tal punto la bestiola che in pochi giorni morì. Da quel momento cominciò per Susanna e Centin la guerra contrro l'Orco. Non appena lo vedevano apparire per le strade del paese, aiutati dai monelli loro amici, lo colpivano con una gragnuola di sassi.

La maestra perseguitava i fratelli Colussi anche perché figli di povera gente, preferendo a loro i rampolli delle famiglie più in vista. A 14 anni, Centin con la sigaretta in bocca e l'aria alla menimpippo, si avventura nelle prime imprese galanti. Susanna lo sorprende in conversazione intima con una ragazza che, come poi si saprà, è una poco di buono. «Parevano molto amici quei due. Anzi Centin, ad un tratto, le prese la mano e lei lasciò fare. Il bellimbusto getta via la sigaretta e allaccia la ragazza per la vita [...]. La stringe forte a sé, oh Dio... la bacia, la bacia sulla bocca e lei non si scosta, anzi!... e ride, ride... Io rimango instupidita...» (p. 333 s).

Il parroco, preoccupato per il comportamento del ragazzo, confabula con il padre. Decidono insieme di mandarlo nel collegio di Don Bosco a Mogliano Veneto, ma Centin, dopo una breve permanenza, fugge dal collegio (p. 408). Centin viene mandato a Pordenone, ospite di una pensioncina di poco prezzo, per poter continuare gli studi. Sua madre viene a sapere da un'amica che ha ripreso la relazione con la stessa ragazza di cui si era precedentemente infatuato e che questa gli ha fatto «un gran brutto regalo» (p. 455). Grazie alle preghiere della nonna e di Susanna, oltre che alle cure di un specialista in malattie veneree, Centin si libera dal morbo che lo aveva contagiato. Ma i suoi guai non finiscono qui.

Nel narrare le disavventure del fratello maggiore, Susanna non tralascia di mettere in evidenza la sua straordinaria generosità che lo fa emulo dello zio Peppino, il fratello preferito di Marianna, la quale vedeva nel nipote il suo ritratto preciso. Già da bambino, Centin salva un coetaneo precipitato nell'acqua in inverno per la rottura di una lastra di ghiaccio (cfr p. 357 s). Divide abitualmente il suo cibo con un compagno di scuola (cfr p. 351 s). Assieme alla sorella, in assenza dei genitori e della nonna, imbandisce un pranzo luculliano per sfamare un mendicante (cfr p. 365 s). Durante una gita a Udine con Susanna spende tutti i suoi spiccioli (e quelli della sorella) per pagare il conto in una birreria a un povero diavolo che, essendosi rimpinzato di cibo senza avere in tasca il becco di un quattrino, stava per essere arrestato da un carabiniere (cfr p. 471 s). L'ultima impresa di questo campione della carità cristiana consiste nello spogliarsi di tutto, per salvare dai guai il padre di un amico, prima di partire per l'America (cfr p. 498 s).

La fine di un secolo

L'infanzia di Susanna fu nutrita da una forte sensibilità religiosa. Ricorda che quando suo fratello Centin fu colpito dal brutto male di cui si diceva, una notte, non potendo prender sonno, fabbricò, come era solita fare, un altarino sul piano della cassapanca; dispose in bella vista un'immagine di sant'Antonio illuminata con candeline benedette, e pregò con tutto il fervore di una fede viva che spesso in quegli anni la esaltava (cfr p. 456 s). Mamma Giulia non era altrettanto attaccata alla religione e, in particolare, non sopportava le suore.

Si ricordava che la sua mamma, vedova con sette figli, aveva subìto una vera e propria persecuzione da parte di certe suore che gestivano un ricovero per vecchi. Quelle suore avrebbero voluto dirigere anche lo spaccio di generi alimentari annesso alla casa, che la nonna aveva ottenuto dal Comune in quanto vedova di un suo impiegato. «Innumerevoli volte le suore avevano reclamato con vero sadismo perché la licenziassero e per mille volte la povera donna si era umiliata a supplicare e a piangere per esservi riammessa» (p.

486). Per questo motivo la mamma si rammaricava quando la piccola Susanna dimostrava un esasperato fervore e temeva che le venisse la vocazione di farsi suora.

Molto sviluppato era il suo spirito di osservazione fin dai tempi della scuola, quando confrontava con la propria mamma quelle dei compagni di classe. La fattoressa, una montanara della Carnia che si era incaponita di dover parlare l'italiano e infiorava le sue frasi con pittoreschi strafalcioni (cfr p. 316). La moglie del segretario comunale, una bella signora che si dava grandi arie di donna fatale e poi fuggì, abbandonando marito e figlia, con un ingegnere delle ferrovie di origine francese. L'«americana», donna famosa nella storia erotico-sentimentale del paese. In seguito, Susanna fu adibita alla mescita nella piccola bottega di famiglia, durante le ore in cui la mamma era occupata in altri lavori. «Si dovette mettere un panchettino perché potessi arrivare al banco e alla scansia per prendere il boccione dell'aquavite, dello slivoviz, i vasi dell'uvetta, delle ciliegie, delle susine, delle pesche e della ruta» (p. 348). Da quella postazione privilegiata riusciva a cogliere i «tipi» caratteristici della fauna locale.

«C'era il macellaio che aveva la sua bottega vicina, un pancione che in meno di un'ora aveva il coraggio di tracannare dieci o dodici bicchierini da mezzo decilitro» (p. 349). Il «Polac», che Susanna chiamava «apostolo» aprì una botteguccia di falegname davanti alla casa dei Colussi. «Invece che il frusciare della sega o il battere del martello, si sentiva ogni giorno per ore la sua voce che parlava di uguaglianza e fraternità al solito uditorio: quattro o cinque braccianti [...]. Quei poveretti lo stavano ad ascoltare estasiati e anelanti come colui che, morendo di sete nel deserto, scorge il miraggio di alberi verdi e cascate d'acqua» (p. 381 s). «Giamba di len» era un suonatore di organetto. «Mutilato della battaglia di Dogali, l'Italia, per tutta ricompensa, gli aveva dato una gruccia di legno dove poggiava il moncherino e l'organetto affinché andasse randagio guardando con un occhio solo le strade e la gente dell'ingrata patria» (p. 391).

La descrizione del passaggio di secolo dall'Ottocento al Novecento si colora di profezie millenaristiche. «La sera dell'ultimo giorno del secolo, decidemmo di andare tutti insieme in chiesa [...]. Gli altari splendevano della luce di innumerevoli candele e lampade a olio [...]. L'arciprete, con la sua bella voce baritonale di cui si compiaceva, intonò il Miserere e più di mille voci la seguirono. Quel canto accorato e solenne, pieno di un non so che di doloroso terrore, finì con il farmi tremare. Mi rannicchiai tra le ginocchia del babbo. Egli levò l'orologio dal taschino: "Mancano pochi minuti a mezzanotte", sussurrò. Il canto finì con un amen prolungato, pieno di lugubre rassegnazione, e si ripiombò nel silenzio. Il mio cuore batteva più forte del grosso orologio del babbo. Ed ecco, all'improvviso, un festoso suono di campane rompere il silenzio e inondare di gaudio gli animi: mezzanotte era trascorsa e il mondo stava ancora in piedi! "Per l'aer sacro a Dio" ecco espandersi il coro del Te Deum laudamus. Nessun canto mi parve mai più tanto appassionato e gaudioso» (p. 375 s).

La prosa limpida di Susanna Colussi privilegia il contenuto sulla forma. Non mancano tuttavia nel libro momenti di accesa espressività. Si riflette in queste pagine la parlata fluente di nonna Maria che fu testimone diretta della maggior parte dei fatti narrati. Figlia di Vincenzo, Maria era sorella di Peppino numero uno e madre di Vincenzino, Peppino numero due e Domenico, padre di Susanna. La scrittrice sottolinea con accenti vivaci l'avvenenza fisica dei maschi della sua famiglia, ma non tralascia di metterne in luce le qualità psicologiche e morali, come lo spirito di avventura, i gesti di straordinaria generosità e il coraggio necessario per affrontare situazioni segnate da una spinta inesorabile verso l'estremo sacrificio. Pasolini ha ricavato da questi racconti, uditi dalle labbra materne, alcune poesie in lingua friulana riprodotte in appendice nel volume[4].

4. Questi i titoli delle poesie: *Il soldat di Napoleon; Beputi e Fiorina, Rissot di amòur, Centin*. Cfr «Romancero (1953)», in P. P. Pasolini, *Tutte le poesie*, tomo I, a cura di W. Siti, Milano, Mondadori, 2003, 133-147.

ENRIQUE IRAZOQUI: UN RAGAZZO CHE NON VOLEVA ESSERE GESÙ

Virgilio Fantuzzi S.I.

Ho sempre considerato Matera un luogo dello spirito. Sono tornato tante volte con la mente e con il cuore nella città dei Sassi vedendo e rivedendo *Il Vangelo secondo Matteo*, il film che Pier Paolo Pasolini vi ha girato nel 1964. Soltanto oggi mi trovo qui per la prima volta, in una splendida mattinata di sole, per fare una camminata tra Sasso Barisano e Sasso Caveoso in compagnia di Enrique Irazoqui, protagonista di quella memorabile pellicola. Parto subito con le domande: «Enrico, tu avevi 19 anni quando Pasolini ti ha scelto per interpretare il ruolo di Gesù nel film sul Vangelo. Cosa eri stato fino a quel momento? Cosa sei diventato dopo di allora?».

Duro e puro

La risposta è pronta: «Ho studiato con i gesuiti di Sarriá a Barcellona. Poi, mi sono iscritto alla facoltà di Economia. Nel frattempo ero diventato marxista e Marx dice che l'economia è il motore della storia. Volevo capire come funziona il meccanismo che regge il mondo. Per questo mi sono messo a studiare economia, anche se non ero portato per quella materia. Ero a questo punto quando ho incontrato Pasolini e insieme abbiamo fatto il *Vangelo*. Sono passato poi alla facoltà di Economia di Parigi. Ho lavorato come economista per cinque mesi. Di notte leggevo Kafka e mi appassionavo ai surrealisti. Poi mi accorgo che l'economia mi interessa sempre di meno e passo alla letteratura. Studio letteratura spagnola a Minneapolis negli Usa e nel 1976 divento professore. Rientro in Spagna nel 1988. Ho lasciato la carriera accademica per tornare a vivere sulle rive del Mediterraneo. Dopo di allora mi sono occupato di traduzioni e della

 © La Civiltà Cattolica 2013 II 581-595 | 3912 (15 giugno 2013)

ricerca nel campo della intelligenza artificiale applicata agli scacchi. Ho lasciato la mia attività professionale nel 2005, quando mi sono sposato per la terza e ultima volta. Ho tre figli e cinque nipoti, tutti maschi, attualmente tutti negli Usa.

«Vivo a Cadaqués, ridente cittadina che si affaccia sul mare della Catalogna. Vado a spasso. Mi fermo ai caffè sul lungomare per fare quattro chiacchiere con gli amici, se ci sono, altrimenti leggo il giornale. Scatto fotografie. Cerco di capire che cosa succede nel mondo o anche, più semplicemente, che cosa sta succedendo a me. Comunico spesso via e-mail con figli e nipoti. A volte prendo la macchina e con mia moglie Ans andiamo a Barcellona o in qualche altra località della zona. Qualche viaggio più lungo lo faccio quando mi invitano per il *Vangelo* (come in questi giorni qui a Matera) o per gli scacchi. Ogni volta che ci penso, mi sembra sempre più chiaro che morirò senza avere veramente capito niente...».

Mentre Enrique parla, osservo l'ambiente circostante. Case e casupole che si arrampicano come pecorelle lungo il costone della Gravina, sospeso a precipizio sulla valle dove scorre il torrente omonimo. Tra le case addossate le une alle altre, per sfruttare ogni anfratto del terreno, si insinuano stradine erte e sassose. Matera fa pensare a una città di caverne abitata da cavernicoli.

Enrique osserva assieme a me lo spettacolo che ci circonda, che lui conosce meglio di me, anche lui stupito non meno di me. Non posso non rivolgergli una domanda che mi viene spontanea: «Come hai conosciuto Pasolini?».

«Nel febbraio del 1964 – risponde – sono venuto in Italia come responsabile del sindacato democratico clandestino dell'Università di Barcellona. Ero stato mandato in Italia dai compagni di lotta politica con l'intento di coinvolgere alcune personalità di rilievo nell'ambiente della cultura, che avrebbero potuto tenere nelle università spagnole conferenze contro la dittatura franchista, protette dalla fama internazionale di cui godevano. Mia madre era italiana (proveniva da Salò). Avevo imparato la sua lingua. Per questo i miei compagni di lotta hanno mandato me.

«Sono stato a Firenze e a Roma. Ho incontrato Giorgio La Pira, Pietro Nenni, Giorgio Bassani, Vasco Pratolini e altri. Il penultimo giorno della mia permanenza a Roma, il giovane del Pci che mi procurava gli appuntamenti con le persone con le quali avrei dovuto parlare mi disse che, siccome avevamo qualche ora libera, avremmo potuto andare a trovare un poeta, che si chiamava Pier Paolo Pasolini, del quale non avevo mai sentito parlare. Giungemmo nella sua casa all'Eur. Pasolini venne ad aprirci. Alcune settimane dopo mi disse che, appena mi vide, pensò immediatamente: "È lui!".

«Ci siamo seduti nella sala di soggiorno ampia e luminosa. Ricordo che c'erano due sofà, rivestiti di velluto rosso, uno di fronte all'altro. Ho incominciato a spiegargli quale era la situazione della lotta antifranchista e che cosa ci aspettavamo da lui. Invece di interrompermi con domande, come avevano fatto coloro ai quali mi ero rivolto in precedenza, si alzò in piedi e, mentre continuavo a parlare, cominciò a girarmi intorno fermandosi ora qua e ora là, guardandomi con insistenza... Quando ebbi finito di parlare, si sedette davanti a me e mi disse che senza dubbio avrebbe fatto tutto il possibile per aiutare me e i miei compagni di lotta. Venne effettivamente a Barcellona nel novembre di quello stesso anno. Ma aggiunse subito che anche io avrei potuto fare qualcosa per lui.

«Mi disse che da due anni pensava di fare un film sul Vangelo di Matteo, ma che non aveva ancora trovato un attore che fosse in grado di sostenere il ruolo di Cristo. Si era rivolto a Yevgeny Yevtushenko e a qualche altro poeta di fama internazionale, ma non lo convincevano. Pensava invece che avrei potuto essere io il suo Cristo. Mi chiese se la cosa mi interessava. Risposi immediatamente di no. Avevo cose molto più importanti da fare: la resistenza antifranchista, la rivoluzione... Non avevo nessuna intenzione di apparire come Cristo sullo schermo in un film che mi sembrava al servizio di una Chiesa che detestavo, perché, secondo me, era la base su cui si appoggiava il potere contro il quale stavo lottando.

«Incominciò allora a dirmi che il suo film non aveva nulla da vedere con il Cristo dagli occhi azzurri, i capelli biondi e la barba rada dei film hollywoodiani. Al contrario, sarebbe stato un elemento di opposizione antifascista e avrebbe assunto una posizione netta nei confronti della lotta di classe. Il film si sarebbe collocato in quella dimensione che Gramsci (che allora conoscevo soltanto di nome) definiva "epico-lirica, in chiave nazional-popolare". Con il film avrebbe voluto restituire al popolo il Cristo combattivo che era stato occultato dalla iconografia borghese asservita al potere. Le sue parole non mi convinsero assolutamente. Pasolini si alzò e andò al telefono. Dopo un po' di tempo, venne a sedersi accanto a me una signora molto strana. Si chiamava Elsa Morante. Nel giro di pochi mesi quella signora sarebbe diventata per me una grande amica, il mio Pigmalione, la mia guida, il mio criterio di verità.

«Successivamente, arrivò anche il produttore Alfredo Bini. Disse che, accettando, avrei potuto guadagnare milioni su milioni. Le cifre che mi proponeva erano tali da farmi venire il capogiro. Ero abituato a vivere con le 25 pesetas che mio padre mi passava ogni settimana. Ma in quel momento i soldi non mi interessavano, come non mi interessavano i discorsi di Pier Paolo sul film. Mi rendevo conto che quella pellicola non sarebbe stata uno strumento ridicolo nelle mani del potere. Avrebbe forse potuto esercitare un certo influsso sociale, ma non era cosa per me. Io avevo il mio partito, il mio sindacato, il mio dovere rivoluzionario... Ero un militante duro e puro.

«A un certo punto intervenne il giovane del Pci che mi aveva procurato quell'incontro e che fino a quel momento era rimasto silenzioso in disparte. Mi disse che avrei potuto dare tutti quei soldi alla causa. In quel momento ho cominciato a cambiare atteggiamento. Ho pensato che avrei potuto rendermi più utile alla causa facendo il film che non rientrando a Barcellona. Pasolini rimase molto colpito dal fatto che questo fosse il motivo per il quale alla fine avevo deciso di accettare la sua proposta. Espresse la sua meraviglia in una lettera a Nenni, traendone buoni auspici per la riuscita del film».

Sotto i riflettori

Camminando tra il rione Vetere e il rione Casalnuovo, arriviamo in una viuzza che, per mancanza di spazio, coincide con i tetti delle case sottostanti. Badando a dove metto i piedi, per non inciampare nei comignoli, non cesso di incalzare Enrique con le mie domande: «E così, ti sei trovato, di punto in bianco, vestito da Gesù, davanti a una macchina da presa. Credo che le prime inquadrature del film siano state girate in un uliveto nei pressi di Tivoli, che rappresentava il Getsemani. Quali sono state le tue prime reazioni di fronte a una situazione per te del tutto inaspettata?».

«È ovvio che lì per lì mi sono sentito un po' spaesato. Ricordo che il primo giorno non mi veniva la voce. La luce dei riflettori mi accecava. Ma queste difficoltà iniziali sono state di breve durata. Pier Paolo aveva un metodo che gli consentiva di mettere a suo agio un non-attore come ero io. Seguendo fedelmente le sue indicazioni, tutto diventava facile. Non mi obbligava a confrontarmi con una realtà lontana da me, ma faceva in modo che quella realtà mi risultasse vicina, mi coinvolgesse sul piano personale. Per esempio: quando dovevo scagliarmi con veemenza contro gli scribi e i farisei, mi diceva che quelli non erano personaggi vissuti in Palestina 2.000 anni fa, ma erano esponenti di quella borghesia franchista contro la quale avevo ingaggiato la mia lotta clandestina. I soldati romani erano la polizia politica che mi aveva già arrestato nel mio Paese. Non ripetevamo mai una scena più di due volte. Giusto per avere una inquadratura di riserva. Solo una volta ricordo che abbiamo dovuto ripetere una scena più di due volte: quando mi vennero incontro alcuni bambini e io dovevo sorridere. I bambini mi facevano ridere, mentre io avrei dovuto limitarmi a sorridere.

«I momenti più difficili li ho incontrati stranamente non quando ero davanti alla macchina da presa, ma durante le pause. Ricordo che una volta, mentre ci trovavamo sulla riva del mare e io ero vestito da Cristo, una lunga fila di donne venne verso di me. Mi si inginocchiarono davanti per chiedermi un miracolo. "Cristu, fammi un miraculu!". Cercavo di spiegare che io non ero il vero Cristo, ma un attore che interpretava il suo ruolo. Non c'era verso di farmi capire. Non erano capaci di distinguere tra persona e personaggio».

Ci troviamo in un dedalo inestricabile di terrazze, stradine, passaggi angusti, scalette che si inerpicano tra le case appoggiate le une sulle altre. Mentre osservo l'ambiente in cui mi trovo, che ha dell'incredibile, cerco di ottenere da Enrique qualche indicazione, per me preziosa, su ciò che riguarda lo stile del film. Pasolini diceva di aver cominciato a girare il *Vangelo* con uno stile simile a quello che aveva adottato nel realizzare *Accattone*, il suo primo film, e di aver dovuto cambiare il modo di girare dopo essersi accorto di aver sbagliato strada. Pensavo che a Irazoqui non fossero sfuggiti i ripensamenti «stilistici» di Pasolini, tanto più che ai ripensamenti erano seguiti rifacimenti, almeno parziali, per effettuare i quali il regista era dovuto tornare con il suo Gesù nel luogo del «misfatto» precedentemente perpetrato (l'uliveto di Tivoli, dove si erano svolte le prime riprese). Ma mi ero sbagliato. Enrique non sa nulla né dei ripensamenti, né dei rifacimenti. «Non solo non mi sono accorto che ci fossero cambiamenti di stile – egli dice –, ma non mi rendevo nemmeno conto che ci fosse uno stile».

Ricordo che quando vidi per la prima volta il *Vangelo* di Pasolini (ero studente di Teologia), mi sembrò di scoprire, come una novità per me sensazionale, la forza del testo evangelico. Fin dall'infanzia avevo sentito leggere e commentare il Vangelo nella messa domenicale. A scuola i professori di esegesi biblica ne smontavano e rimontavano i meccanismi strutturali: la teoria delle forme ecc. Ma solo vedendo quel film mi è sembrato di cogliere, con un soprassalto, la forza intrinseca del testo, la sua coinvolgente dinamica. «Il Cristo che amo – dice Irazoqui – è quello del discorso della montagna. Credo che questo sia anche il centro del film».

Qualcosa di grandioso

Giunti sulla piazza del Duomo, si spalanca davanti ai nostri occhi in tutta la sua grandiosità il panorama di Matera. Pasolini diceva che con l'arrivo di Gesù a Gerusalemme, cioè qui a Matera, il film avrebbe cambiato il suo andamento stilistico. Nella precedente predicazione di Gesù, in Galilea e in altre parti della Palestina, tutto è semplice, spoglio, lineare... Nella storia raccontata da Matteo e nel modo in cui Pasolini ha inteso rappresentarla, l'apparizione di Gerusalemme segna il momento nel quale la predicazione di Cristo da strettamente religiosa, in qualche modo, senza la diretta volontà di Cristo e degli apostoli, ma per dati oggettivamente storici, diventa un fatto, oltre che religioso, anche pubblico e politico. «Il momento dell'arrivo a Gerusalemme – diceva – segnerà nel film un nuovo passo. Ci sarà nel film qualcosa di grandioso». Chiedo a Enrique se si è accorto, nel momento in cui la troupe si è trasferita, da altri luoghi più spaesati, qui nel centro di Matera, che il film ha cambiato tono e ha assunto uno spessore diverso...

«Ti ricordo che avevo 19 anni – dice Irazoqui, trattenendo una punta d'irritazione –. A quel tempo non sapevo niente né di toni, né di spessori. Forse Pier Paolo parlava di queste cose con Elsa, con la quale ha avuto rapporti strettissimi durante la preparazione e la lavorazione del film. Non ne parlava certo con me, né con gli altri miei coetanei che facevano parte della troupe. Passare da un luogo a un altro per me voleva dire semplicemente passare da un *Jolly hotel* a un altro. La Matera cinematografica era tutta nella mente di Pasolini. Ricordo soltanto che mi piaceva uscire la sera con Giacomo Morante, nipote di Elsa e interprete dell'apostolo Giovanni, per andare a mangiare fragole e panna».

«Fragole e panna... È tutto quello che mi sai dire? Non la vedi anche adesso questa città unica nel suo genere? Non ti senti proiettato come me in questo momento verso le soglie della preistoria? Cinquant'anni fa Matera doveva essere ancora più vicina al suo stato originario di quanto lo sia adesso. Questi quartieri rupestri, che in seguito sono stati evacuati e ripuliti, erano ancora abitati da coloro che vi erano nati e cresciuti. Al posto delle automobili e dei motorini di adesso c'erano ancora i somarelli con le loro carrette...».

«Per me e per i giovani della troupe, Matera era rappresentata dai Sassi. Esattamente questi quartieri e questo ambiente che abbiamo sotto gli occhi e che, pur avendo subìto molte trasformazioni, conserva ancora un fascino senza uguali. Qualcosa di simile a certe grotte con tracce di vita preistorica che ho visto nel Nord della Spagna. Testimonianze di una cultura primitiva. Un mondo molto lontano dal nostro. La gente che si vedeva cinquant'anni fa in queste strade non assomigliava alla gente di adesso. Oggi siamo diventati tutti uguali. Giovani e vecchi, uomini e donne si assomigliano un po' ovunque. Guardano tutti gli stessi programmi televisivi, hanno tutti lo stesso iPhone, mangiano più o meno le stesse cose. Quando abbiamo girato il film, i caffè di Matera erano frequentati soltanto da uomini con sguardi torvi. La gente era magra, fatta "col diamante e col carbone". Penso che se, allontanandoci da Matera, andassimo in qualche paese dei dintorni, forse potremmo trovare anche adesso alcune persone simili a quelle che una volta si vedevano qui. Uomini venuti dalla terra, che lanciano occhiate furtive da sotto i berretti. A Matera la gente non è più così. Mangiano molto meglio, per fortuna. Sono molto accoglienti. Hanno bei musei, una grande cineteca. Matera è oggi una bellissima città, colta e moderna. La gente viaggia, compera... Ricordare la Matera del '64 vuol dire fare un viaggio a ritroso nel tempo».

Enrique rievoca i suoi rapporti con Pasolini e con Elsa in quel '64 che è stato, al di fuori di ogni dubbio, l'anno più sensazionale della sua vita. «Benché Pier Paolo ed Elsa rappresentassero entrambi, per il diciannovenne che ero allora, criteri di verità, credo di essere stato influenzato e, direi quasi, plasmato più da lei che da lui. Pier Paolo era molto preso dal lavoro e aveva poco tempo da dedicarmi. Elsa invece era sempre disponibile, accogliente e le piaceva stare in mia compagnia».

Varchiamo la porta del museo della scultura contemporanea recentemente allestito all'interno del palazzo Pomarici. Ci inoltriamo negli ipogei che si incastrano gli uni dentro gli altri fino a formare un intricato labirinto rupestre. Nei vani enormi, che un tempo ospitavano cantine, stalle, cisterne, sono esposte opere imponenti, che raccontano mezzo secolo di scultura moderna in Italia e fuori d'Italia. Le sculture sono illuminate da fasci di luce che le isolano e lasciano in ombra gli spazi circostanti dalle dimensioni ciclopiche. Accoccolato nell'ombra di una nicchia scavata nella roccia, Enrique si abbandona all'onda dei ricordi:

«Quando l'ho conosciuta, Elsa si dichiarava buddista e parlava con entusiasmo della reincarnazione. Durante le riprese del *Vangelo* mi sono accorto che aveva un rapporto profondo con la figura e con le parole di Gesù. Non so quale fosse il suo rapporto con il cristianesimo. Posso dire soltanto che, se c'è mai stata una persona disposta a credere nella bontà e nella purezza assolute, quella era Elsa. A casa sua si parlava di tutto. Quello che lei diceva era per me come un oracolo. Meno quando si parlava di politica, perché lei era anarchica mentre io ero marxista-leninista-rivoluzionario-resistente-antifascista. Aveva ragione lei, naturalmente, o almeno non ero io quello che aveva ragione. Adesso lo so, anche se allora Pier Paolo faceva il tifo per me».

Uscendo dal museo scavato nella roccia, gli occhi, investiti dai raggi del sole allo zenit, restano abbacinati per qualche minuto. Da Porta Pistola appare improvvisamente davanti a noi, al di là della valle sottostante, la gobba oscura della Murgia, la collina sassosa, disseminata di chiese rupestri, dove Pasolini ha ambientato il Calvario. Immobile accanto a me, Irazoqui osserva come me il profilo della «montagna sacra». Non riesco a capire quali pensieri gli stiano passando per la mente in questo momento. Non scorgo sul suo volto nessun segno che possa indicare una particolare emozione...

«Questo è il tuo Calvario, Enrico. Vorrei che tu mi dicessi tutto quello che hai visto, che hai udito, che hai provato in quei giorni che, come suppongo, sono stati per te memorabili ...».

«Non so cosa dirti, Virgilio. Se ti dico che non ricordo quasi nulla, temo di deluderti. Ricordo che giravamo in fretta e furia. Avevo paura che la croce fosse troppo pesante da portare, mentre invece non pesava niente. Era vuota al suo interno. Poi il caldo. Un caldo soffocante, implacabile, che non dava tregua. Mi sono sentito comunque sollevato quando, per aiutarmi, qualcuno mi ha tolto la croce dalle spalle. Ma è rimasta la corona di spine che mi dava fastidio. C'era ressa, confusione, baccano... Tutto era scomodità, fretta, calore... Nella crocifissione era ancora più caldo, ancora più scomodo. Per me era difficile mantenermi in equilibrio. C'era soltanto un gancio che mi teneva da dietro per la vita. Lo sforzo per tenere le gambe e le braccia tese dovevo farlo da solo. Il sole era terribile. Dovevo gridare e il mio grido di dolore non era mai abbastanza forte. Urlavo con tutte le mie forze, una volta, due volte... Non vedevo nulla e nessuno. Sentivo soltanto la voce di Pier Paolo che gridava: "Più forte! Grida più forte che puoi!". La luce era accecante. Il calore, lo sforzo per tenermi in equilibrio. Non vedevo nulla. Non capivo nulla. Non pensavo a nulla. Gridavo soltanto: "Padre, perché mi hai abbandonato?", senza rendermi conto di cosa significassero quelle parole».

Sul dorso della Murgia

L'indifferenza ostentata da Irazoqui nei confronti della religione suscita in me qualche dubbio e mi suggerisce di metterlo alla prova.

«Tu sai che in Italia, soprattutto qui nel Meridione, ma anche in Spagna, c'è la tradizione di rappresentare la Passione di Gesù, durante la Settimana Santa, come atto di devozione popolare. So bene che, nonostante la tua educazione dai gesuiti, all'epoca del *Vangelo* non sentivi nessun trasporto religioso nei confronti di Gesù. Tuttavia, nel rivivere sia pure in forma scenica i momenti estremi della sua vita, posso pensare che qualche emozione deve averti attraversato...».

«Se pensi che io mi sia identificato con Cristo mentre mi trovavo sulla croce, ti sbagli di grosso. Sapevo che dovevo stare lì. Era il mio compito in quel momento e basta. Nella situazione della Spagna franchista, la Chiesa era alleata con Franco. Gli antifranchisti militanti come me vedevano nella Chiesa un nemico. Mi rendo conto che sto semplificando molto le cose, ma non vorrei che ci fossero tra di noi equivoci e malintesi. La Chiesa diceva di rappresentare Gesù; dunque il Gesù della Chiesa non era in nessun modo dentro di me. Era fuori, se non addirittura contro. C'era da fare la crocifissione e dunque ho fatto la crocifissione, ma per me sarebbe stata la stessa cosa se in quel momento avessi dovuto fare il pistolero in un western».

Nel pomeriggio, dopo una sosta conviviale in casa del comune amico Domenico Notarangelo, Enrique e io ci mettiamo in cammino verso la Murgia. Lungo la strada lui ricorda un brano di Pasolini, che parla di teologi senza religione. «Si potrebbe dire allo stesso modo – aggiunge – che ci sono religiosi senza teologia, e forse anche slanci di assoluto senza religione. È un problema più grande di me. Non arrivo a trovare la soluzione. Posso dirti soltanto che avverto una certa affinità con Simone Weil, e non soltanto con lei, ma anche con gli anarchici spagnoli della guerra civile o con l'umanesimo di Primo Levi... Sono questi i miei compagni di strada».

Giungiamo sul dorso della Murgia quando il sole volge verso Occidente. Sulla superficie della collina rocciosa fili d'erba bianca scossi dal vento ricordano le immagini del *Vangelo*. Ecco il luogo dove sono state piantate le croci. Qui ci sono i soldati che giocano a dadi. Lì le donne che piangono... «Enrico, mi hai già parlato dei disagi fisici che questa scena ti ha provocato. Ma, adesso che ci troviamo sul posto, vorrei che tu ricordassi con maggiore precisione quello che accadeva attorno a te. Qui c'è una donna, Susanna, che cade in deliquio. Non so se tu dall'alto della croce riesci a vederla e cosa pensi di lei. Io penso che quella donna, venti anni prima, ha perduto un figlio in guerra. Penso che dieci anni dopo perderà un altro figlio in maniera non meno assurda e crudele. Capisco che tu, in quel momento, potevi avere difficoltà a identificarti con il Cristo della devozione popolare, ma sull'identificazione di Susanna con la Madonna penso che non possano esserci dubbi di alcun genere».

Il pensiero di Susanna spinge Irazoqui a concentrarsi in uno sforzo di memoria. «Ricordo perfettamente Susanna ai piedi della croce durante la crocifissione. Credo anche di capire il motivo profondo per il quale Pier Paolo abbia scelto sua madre per farle interpretare il ruolo della madre di Gesù. Dal punto di vista della resa cinematografica era fondamentale che lei sapesse che cosa vuol dire perdere un figlio. Durante le riprese, Pier Paolo ripeteva a sua madre: "Ricordati di Guido!". Non tutti i presenti erano in grado di apprezzare il modo in cui Pasolini spingeva sua madre a esprimere con forza il suo dolore. Sapevano che non si trattava di un dolore finto, ma del dolore vero di una madre per la morte del proprio figlio».

Alle parole di Enrique aggiungo una riflessione: «Ritengo che fra i tanti motivi che possono aver spinto Pasolini a fare un film come il *Vangelo*, quello prevalente sia stato il desiderio di risarcire, in qualche modo, sua madre per il dolore immane che le ha procurato la morte del secondogenito. Ho inteso dire che, dopo la morte di Guido, Susanna andava in giro per i campi urlando come una pazza...».

«Non credo – ribatte Irazoqui – che tutti coloro che si trovavano presenti sul set in quelle giornate veramente terribili, non soltanto per me che soffrivo sulla croce, sarebbero stati d'accordo con questo tuo modo di vedere le cose. Enzo Siciliano e Giorgio Agamben, per esempio, che interpretavano i ruoli di due apostoli, sono venuti da me a dirmi che avrei dovuto esigere da Pier Paolo che la smettesse di maltrattare sua madre. "Povera donna – dicevano –, accovacciata per terra tante ore con questo caldo". Naturalmente ho rifiutato di farlo. In Susanna loro vedevano soltanto una vecchietta sfruttata dal figlio e se ne lamentavano...».

«Forse erano invidiosi perché avrebbero voluto essere sfruttati anche loro nella stessa maniera... Scherzi a parte, ritengo che il risultato ottenuto da Pasolini in questo punto del film sia di altissima poesia, degna di Iacopone da Todi. Per questo considero del tutto fuori proposito le osservazioni di Siciliano e di Agamben».

«Quando, questa mattina, ti dicevo che, per me, interpretare il ruolo di Gesù nel film di Pier Paolo era come interpretare il ruolo di un pistolero in un western, forse ho esagerato. Ci sono stati momenti nei quali, sia in Pasolini, sia in me, si manifestava non dico una vera e propria identificazione, ma una specie di empatia nei confronti della figura di Gesù. Me ne ricordo adesso perché, in certi casi, questa, chiamiamola così, empatia durava anche dopo che le riprese erano finite, tanto è vero che gli apostoli "intellettuali" di cui ti dicevo, quando se ne accorgevano, prendevano un po' in giro Pier Paolo, ma soprattutto me…».

«… Come i soldati che giocavano a dadi ai piedi della croce».

«Non proprio così…».

«Stavo citando una battuta di un altro film di Pier Paolo: *La ricotta*».

«A volte ho avuto l'impressione che Pasolini volesse essere al mio posto mentre interpretavo Gesù. Ma, a pensarci bene, lui avrebbe voluto essere anche al posto degli altri interpreti. Avrebbe voluto fare tutte le parti. Era innamorato del Vangelo, nel quale vedeva incarnarsi quella "bellezza assoluta" di cui ha parlato in una lettera a Bini».

In una lettera al produttore Alfredo Bini del giugno 1963 Pasolini diceva: «Per me la bellezza è sempre una "bellezza morale"; ma questa bellezza giunge sempre a noi mediata: attraverso la poesia, o la filosofia, o la pratica; il solo caso di "bellezza morale" non mediata, ma immediata, allo stato puro, io l'ho sperimentato nel Vangelo».

Cortocircuito tra segno e senso

Enrique si allontana di due o trecento metri per andare a vedere la Madonna delle Tre Porte, una chiesa rupestre dove Pasolini ha ambientato la casa di Lazzaro, Marta e Maria a Betania. Non lo seguo, perché in questo punto il terreno è troppo sdrucciolevole per me. Resto in silenzio per una mezz'oretta e rifletto sulle ultime cose che Irazoqui mi ha detto. Mi pare che nel caso del *Vangelo* di Pasolini si siano verificate diverse forme di identificazione. Totale quella di Susanna che interpreta il ruolo della Madonna. Mi viene in mente a questo proposito quello che Sergio Citti diceva di suo fratello Franco come interprete di *Accattone*: «Franco non è un attore, ma il personaggio». Allo stesso modo si può dire di Susanna che non «fa», ma «è» la Madonna, tautologicamente, per effetto di una sorta di cortocircuito che in certi casi si stabilisce, all'interno di una realizzazione artistica pienamente riuscita, tra significante e significato.

Diverso è il caso di Pasolini che, in quanto autore, identificandosi un po' con tutti i personaggi, come dice Enrique, di fatto si identifica con il testo del Vangelo e lo fa, mentre lo trasferisce dalla lingua scritta al linguaggio audiovisivo, adottando un punto di vista non esterno, ma interno al testo medesimo. Dopo aver assimilato il testo di Matteo, da lui considerato come un modello di bellezza assoluta, il regista lo elabora e ne restituisce il senso, producendo immagini visive e sonore dotate di una bellezza equivalente.

Quanto a lui, il protagonista del film, risulta chiaro dalle sue parole che non è né dentro il personaggio del Cristo, né fuori di esso. Si potrebbe dire forse che Enrique è mezzo dentro e mezzo fuori dal film. Ciò dipende in primo luogo dal fatto che lui è uno strumento nelle mani del regista. Uno strumento, ovviamente, pensante. Cosa che gli consente di distinguersi dagli apostoli «intellettuali», non perché essi non lo siano, ma perché lui è in grado di pensare «bene», anche quando gli altri pensano «male». Inoltre, in quanto marxista «duro e puro», lui ha le sue idee che gli impediscono di identificarsi pienamente con Cristo. È probabile che questa resistenza, da parte di Irazoqui, nei confronti di una identificazione di tipo religioso, nel senso devozionale del termine, con la figura di Gesù abbia prodotto nel personaggio quell'effetto di ambiguità di cui Pasolini parlava a proposito del modo nel quale, al di là delle sue intenzioni, era risultata la rappresentazione di Gesù nel film.

Torna Enrique e riprendo la conversazione interrotta: «Credo che non si possa negare che il *Vangelo* sia un film che ti ha cambiato la vita».

«Se lo facessi, negherei l'evidenza. Il *Vangelo* mi ha fatto conoscere persone straordinarie che prima non conoscevo; mi ha offerto opportunità che prima non avevo; inoltre, per quanto riguarda l'esperienza che ho vissuto durante le riprese, posso dire di aver trovato qui un senso di libertà che in Spagna allora non esisteva».

«Questi sono cambiamenti esterni. Si può dire che ci siano stati in te anche cambiamenti interni?».

«Vedo che insisti battendo sullo stesso chiodo... Ebbene, a costo di deluderti definitivamente, caro Virgilio, devo dirti che il *Vangelo*, in quanto film, non ha prodotto "dentro" di me nessun cambiamento. Sono uscito dall'esperienza del film nello stesso modo in cui c'ero entrato. Con le stesse idee nella testa, lo stesso atteggiamento nei confronti della vita. Se per caso è successo qualcosa "dentro" di me in quel periodo, ti assicuro che non me ne sono accorto. Ma siccome vedo che su questo punto non sei disposto a darmi tregua, per tranquillizzarti posso aggiungere che qualcosa è successo, nel senso che dici tu, dopo la realizzazione del *Vangelo*. Mentre facevo il servizio militare (erano passati due anni dalle riprese del film), mi è capitato tra le mani *L'idiota* di Dostoevskij, libro che ho letto con avidità, identificandomi totalmente con il principe Myshkin, eroe nel quale lo scrittore concentra il suo ideale di bontà cristiana e di amore universale. Posso dirti di non aver sofferto i dolori di Gesù quando ero sulla croce, mentre invece ho sofferto i dolori di Myshkin leggendo quel libro».

«Nulla accade per caso nella vita, Enrico. Se sei arrivato nella casa di Pasolini quando lui cercava il protagonista del *Vangelo* non è un caso. Se durante il servizio militare ti è capitato tra le mani *L'idiota* non è un caso. Considero questi due eventi come tappe fondamentali della tua evoluzione personale. Nel dirti questo, non sto cercando di indovinare cose che non so, ma sto semplicemente tirando le somme di questa nostra giornata di chiacchiere. Può darsi che anche questa sia una tappa che si aggiunge alle altre, e spero che non sia l'ultima...».

«Come darti torto, Virgilio? Pensa a quello che mi è capitato quando, pochi mesi dopo il mio rientro in Spagna, ho lasciato il partito comunista, perché sentivo che la sua linea politica non era la mia, non mi riconoscevo più nel programma che fino allora avevo condiviso con i compagni di lotta e non credevo nella possibilità di fare la rivoluzione».

Chiedo a Enrique se ha rivisto Pasolini dopo le riprese del *Vangelo* e la presentazione del film al festival di Venezia. «Come ti ho già detto – risponde –, Pier Paolo venne a Barcellona nell'autunno di quello stesso anno. Tenne una conferenza all'Università parlando di libertà e fascismo. Trovò che Barcellona era bellissima, mentre invece, secondo me, era una città grigia, monotona, piena di poliziotti, convenzionale, soffocante. Ma in un giorno solo tutto questo non si vedeva».

«Come hai saputo della sua morte?».

«Ho sentito la notizia alla radio mentre ero a Minneapolis. Nello stesso modo, sempre per radio, dieci anni più tardi ho saputo della morte di Elsa. Mi ha fatto male. Era infinitamente ingiusto e crudele. Era anche una parte importante della mia vita che se ne andava. A volte parlo ancora con Pier Paolo. Elsa ha scritto dopo la morte di Pasolini una poesia che comincia con le parole: "E così...", e prosegue dicendo: "Tu – come si dice – hai tagliato la corda. / In realtà tu eri – come si dice – un disadattato / e alla fine te ne sei persuaso / anche se da sempre lo eri stato: un disadattato..."».

Il cielo è invaso da un tramonto fosco che tinge di bagliori violacei le nuvole arruffate. «È tremendo – mormora Enrique – non poter dare la corda all'orologio con la molla a rovescio e andare all'indietro nel tempo per poter dire a Pier Paolo e a Elsa tutto quello che non ho detto allora e potrei dire adesso...».

Il pensiero torna a Susanna, morta a 90 anni in una casa di riposo per anziani a Udine. «Se Pasolini non fosse morto prima di sua madre – dice Enrique con una piega amara nella bocca –, non credo che avrebbe consentito che Susanna finisse i suoi giorni in una casa per anziani». Poi, il sorriso torna ad affiorare sulle sue labbra e gli occhi si illuminano nel ricordo. «Una sera, quando mia madre venne a trovarmi a Roma durante le riprese del film, Pier Paolo, Susanna, mia madre e io camminavamo insieme verso un ristorante di Trastevere. All'improvviso Pier Paolo si mise a correre e sparì. Pensavo tra me meravigliato: "Ma cosa sta facendo?". Dopo un paio di minuti venne con una rosa per sua madre. Avresti dovuto vedere la tenerezza dipinta sul volto di Susanna. Una dolcezza che non potrò mai dimenticare».

PASOLINI E IL SACRO

Virgilio Fantuzzi S.I.

Nel 1964, quando uscì *Il Vangelo secondo Matteo* di Pier Paolo Pasolini, ero studente di Teologia. Vidi il film in una proiezione privata, perché allora non era consentito ai sacerdoti e ai religiosi, compresi i seminaristi, di frequentare le sale cinematografiche pubbliche, nemmeno per vedere pellicole di elevato contenuto artistico e culturale.

Lo zelo del neofita

Avevo cominciato da qualche anno a occuparmi seriamente di cinema. Il preside di una scuola, presso la quale insegnavo, mi aveva incaricato di impartire un corso di Educazione cinematografica ai ragazzi delle medie. Una materia nuova, nella quale cercavo di addentrarmi camminando in punta di piedi.

La visione del *Vangelo* mi provocò un autentico *shock*.

Seguace delle idee di Carlo Ludovico Ragghianti, pensavo, come lui, che il cinema rappresentasse lo stadio più avanzato nell'evoluzione plurisecolare delle arti visive.

Nel corso degli anni Cinquanta mi ero appassionato alla discussione sui rapporti tra arte sacra e arte moderna. Detestavo il *kitsch* nel quale si crogiolava l'arte delle chiese, prolungando oltre il limite del tollerabile il gusto oleografico di fine Ottocento. Il sacro e il moderno, secondo me, si fondevano perfettamente nella pittura di Rouault.

Nel cinema non mi era mai capitato prima — e neppure dopo, a dire il vero — di vedere un'opera nella quale il senso del sacro e la sensibilità moderna formassero un amalgama altrettanto compatto.

 | 3976 (27 febbraio 2016)

Per me, seminarista, la visione di quel film, oltre a mettermi l'animo in subbuglio per il tono di autenticità che emanava dalle sue immagini, costituiva anche un problema.

Durante la conferenza stampa che aveva accompagnato la prima proiezione del film alla Mostra di Venezia, un giornalista aveva chiesto a Pasolini: «Lei crede che Gesù sia il Figlio di Dio?». Il regista aveva risposto di no.

Al contrario di quello che si diceva, e che lo stesso Pasolini non negava, ritenevo che un artista, un cineasta, un poeta che non avesse avuto nemmeno un briciolo di fede, non avrebbe potuto realizzare un film sul Vangelo, libro di fede per eccellenza, dotato di una tale forza espressiva.

Giovane e zelante, mi sentii investito di una sorta di missione. Avrei dovuto incontrare Pasolini per dirgli che quello che aveva detto nella conferenza stampa di Venezia non corrispondeva alla verità. Avevo alcune conoscenze nell'ambiente del cinema. Chiesi a Valerio Zurlini, un regista che da ragazzo aveva frequentato la scuola romana dove insegnavo Educazione cinematografica (il Collegio Massimo), di farmi da tramite con Pasolini, del quale sapevo che era amico.

L'incontro avvenne nella casa di Pasolini all'Eur, dove mi presentai con addosso la veste talare, come si usava allora. Quando dissi al regista che non ritenevo che le parole da lui pronunciate a Venezia fossero del tutto sincere, ebbi da lui questa risposta: «I giornalisti non dovrebbero fare certe domande».

Ho riflettuto a lungo sul significato della risposta un po' laconica e un po' enigmatica di Pasolini. Avrebbe potuto trattarsi di una risposta in qualche modo socratica. Negli anni nei quali, con il suo consenso, ho potuto seguire da vicino il suo lavoro, ho sperimentato in diverse occasioni l'uso che faceva del metodo maieutico. Quando gli si rivolgeva qualche domanda, egli raramente dava risposte esaurienti. Preferiva rispondere in modo da suscitare nell'interlocutore il desiderio di porre altre domande e, alla fine, di cercare da solo una risposta.

Ma la risposta di Pasolini può avere anche un'altra motivazione. Quando un film ha le qualità di un'opera d'arte e si presenta con le caratteristiche della poesia, non tutto quello che esprime può essere detto con parole equivalenti. Ci sono aspetti del contenuto di un film che sono di per sé evidenti e stanno sotto gli occhi di tutti. Ci sono altri aspetti che appartengono al cosiddetto «sottotesto». Essi non sono immediatamente evidenti, ma possono essere individuati mediante un attento lavoro di analisi. Anche questi possono essere esplicitati a parole. Ma ci sono altri contenuti, quelli che sono all'origine dell'ispirazione poetica, la cui identificazione sfugge talvolta allo stesso autore. Tali contenuti sono frutto di pulsioni che nascono dal profondo, si manifestano con una forza che avvince le facoltà dell'uomo e lo costringono a esprimersi in quel modo piuttosto che in un altro. Tanto la poesia quanto l'esperienza religiosa conoscono momenti di tensione interiore rispetto ai quali le parole risultano inadeguate.

Credere, non credere

Nel rivolgersi a don Giovanni Rossi e ai volontari della *Pro Civitate Christiana* di Assisi per ottenere da loro l'assistenza di cui aveva bisogno per realizzare *Il Vangelo secondo Matteo*, «un appoggio tecnico, filologico, ma anche un appoggio ideale», Pasolini precisava: «Io non sono credente, almeno nella coscienza»[1].

A mio avviso, l'inciso «almeno nella coscienza» merita di essere considerato con attenzione. Se ne potrebbe dedurre che il regista, tutto sommato, non sia in grado di dire con esattezza fino a che punto la sua mancanza di fede sia frutto di una convinzione solida o non sia piuttosto insidiata dal dubbio, allo stesso modo in cui potrebbe esserlo la fede di un credente tiepido.

Mentre progettava il film sul Vangelo, Pasolini si rendeva conto che la sua attività di artista e di intellettuale stava per imboccare una strada diversa da quella che aveva percorso fino a quel momento.

«Come scrittore nato idealmente dalla Resistenza — scriveva al produttore Alfredo Bini —, come marxista ecc., per tutti gli anni Cinquanta il mio lavoro ideologico è stato verso la razionalità, in polemica con l'irrazionalismo della letteratura decadente (in cui mi ero formato e che tanto amavo). L'idea di fare un film sul Vangelo,

1. Cfr la lettera a Lucio Caruso del febbraio 1963, in P. P. Pasolini, *Lettere 1955-1975*, a cura di N. Naldini, Torino, Einaudi, 1988, 508 s.

e la sua intuizione tecnica, è invece, devo confessarlo, frutto di una furiosa ondata irrazionalistica»[2].

Sapendo che stava per incamminarsi su un terreno non privo di insidie, e non volendo impegnarsi direttamente in questioni di fede, decise di adottare alcune precauzioni. La prima riguarda il testo del film, che coincide alla lettera con quello di Matteo. Questa misura cautelare, presente fin dal titolo, sta a indicare che chi parla nel film non è Pasolini, ma Matteo. Il regista si limita a riferire quello che dice l'evangelista, lasciando a lui la responsabilità delle sue asserzioni. Un'altra precauzione riguarda lo stile del film.

Pasolini aveva realizzato il suo primo film, *Accattone* (1961), di getto. Ignaro degli aspetti tecnici del cinema, aveva seguito il suo istinto, che gli suggeriva di semplificare al massimo i procedimenti cinematografici. Riprese frontali, primi piani dai chiaroscuri fortemente contrastati, lente panoramiche, scarse ma incisive carrellate... Ne risultava un modo di vedere le cose paragonabile a quello dei primitivi: sculture romaniche, affreschi del primo Rinascimento... «Frontalità, ieraticità e quindi religione», diceva Pasolini. Convinto di disporre di uno stile già di per sé sacro, riteneva che quello stile fosse adatto per tradurre in immagini il Vangelo.

La prima precauzione funzionò a meraviglia. La fedeltà al testo di Matteo fa di quest'opera un *unicum* nell'ambito della filmografia cristologica e costituisce il suo pregio fondamentale. La seconda precauzione, che avrebbe dovuto consentire al regista di porsi come un osservatore esterno rispetto alla materia trattata, per ammissione dello stesso Pasolini risultò una mossa sbagliata.

Le riprese ebbero inizio in un uliveto nei pressi di Tivoli, che rappresenta il Getsemani. L'agonia di Gesù nell'orto e la sua cattura furono girate con la stessa tecnica con la quale era stato girato *Accattone*. Obiettivo 50, inquadrature ortogonali... Quando, dopo qualche giorno, Pasolini vide il materiale girato, ne provò un senso di ripulsa. La ieraticità naturale o «sacralità tecnica», come il regista la chiamava, che si adattava perfettamente all'argomento profano di *Accattone*, storia drammatica di un «magnaccia» del Pigneto, risultava ridondante

2. Cfr la lettera ad Alfredo Bini del 12 maggio 1963, in P. P. Pasolini, *Lettere 1955-1975*, cit., 514 s.

e retorica per l'argomento sacro del *Vangelo*. Si sentì smarrito e, temendo di andare incontro a un insuccesso, fu tentato di abbandonare l'impresa.

La crisi scoppiò in un alberghetto di Viterbo, nelle cui vicinanze stava per essere girata la scena del Battista che predica e battezza i suoi seguaci nelle acque di un torrente, il Chia, che rappresenta il Giordano. Pasolini parla di «una notte da Innominato», durante la quale, dopo aver scartato l'idea di riprendere da un elicottero la gente che si fa battezzare, decise di arrampicarsi con la macchina da presa tra le rocce che incombono sulle sponde del torrente. «Da lì — dice il regista — ho ripreso con lo *zoom* i gruppi, le figure intere, i primi piani... Ogni simmetria era sconvolta: irrompevano il magmatico, il casuale, l'asimmetrico: le facce non potevano più essere viste di fronte e al centro dell'inquadratura, ma si presentavano così come capitava, in tutti gli scorci possibili e sempre eccentriche nel fotogramma»[3].

Riflettendo su questo improvviso cambiamento di stile o di tecnica, Pasolini diceva che riprendere il *Vangelo* con una tecnica sacrale, come aveva fatto con *Accattone*, equivaleva a far piovere sul bagnato. Venivano fuori delle immagini tradizionali, delle immaginette devote, cosa che egli voleva assolutamente evitare. «Ho dovuto rivoluzionare la mia tecnica — diceva —. In pochi giorni, in poche notti di insonnia ho dovuto rivoluzionare tutto il mio modo di vedere tecnicamente e stilisticamente il film, e sono quindi passato a una tecnica completamente diversa, al cosiddetto magma»[4].

Diceva anche: «In *Accattone* ero io stesso, io in persona, a raccontare quella storia, la raccontavo così come la vedevo io di fotogramma in fotogramma, di sequenza in sequenza. Nel *Vangelo* invece c'era un fatto fondamentale: che non potevo essere io a raccontare il Vangelo. Perché? Perché avendo deciso di essere assolutamente fedele al testo di Matteo, dovevo rappresentare un Cristo che non fosse soltanto uomo, ma uomo e Dio.

«Ora io non sono credente, quindi come potevo io, direttamente in quanto io, rappresentare Cristo Figlio di Dio, se non ci credo? Avrei potuto

3. «Confessioni tecniche», in P. P. Pasolini, *Per il cinema*, tomo secondo, Milano, Mondadori, 2001, 2770 s.

4. Cfr «Una discussione del '64», in P. P. Pasolini, *Saggi sulla politica e sulla società*, ivi, 1999, 778.

farlo con un atto di assoluta insincerità. Ma l'insincerità era la cosa che non volevo assolutamente che ci fosse nel mio film, perché un film insincero non è mediocre o non bello, ma è orribile e ripugnante moralmente»[5].

La ricerca della sincerità, inscindibile dalla poesia, spinge dunque Pasolini a vedere il film in soggettiva, attraverso gli occhi di un ipotetico credente da lui distinto.

Secondo la mia opinione, avrebbe potuto trattarsi di un credente non ipotetico, ma reale, e da lui non distinto, ma nascosto in qualche angolo dimenticato del suo universo interiore.

Sulle ali della poesia

Le irregolarità stilistiche, trasformate in punte espressive dall'ispirazione poetica che irrompe nel bel mezzo delle riprese e ne sconvolge l'ordine precostituito, percorrono l'intero film rimbalzando di sequenza in sequenza, recando in ciascuna un tocco di novità.

Dopo un'introduzione musicale, che accompagna i titoli di testa con un brano della *Missa Luba* congolese al quale fa seguito un coro della *Passione secondo Matteo* di Bach, il silenzio s'impadronisce della scena. Nel cortile della casa di Maria, isolata tra i campi, Giuseppe osserva preoccupato la fidanzata incinta. Scambio di sguardi nei primi piani che si alternano in campo-controcampo. È un cinema che non è cinema o, se lo è, lo è nelle forme arcaiche che il cinema aveva negli anni Venti, contrassegnati dalla presenza dei grandi maestri dell'Espressionismo.

Nell'adorazione dei Magi, prende corpo l'ambiente: una casa rupestre sopravvissuta dai tempi della preistoria in un angolo sperduto della Basilicata. Il terreno scosceso costringe la macchina da presa ad assumere ardite angolazioni dall'alto o dal basso. I gesti sono semplici e chiari, quasi liturgici. Lo *spiritual* cantato da Odetta, *Sometimes I Feel like a Motherless Child*, conferisce all'insieme il sapore di una ninnananna intrisa di malinconia.

La prima apparizione di Gesù adulto. Il volto di Enrique Irazoqui, che assomiglia a un Cristo dipinto da El Greco, ripreso in primo piano con lo *zoom*, avanza lentamente al suono della *Maue-*

5. Cfr «Marxismo e Cristianesimo», ivi, 807 s.

rische Trauermusik di Mozart. Il diavolo delle tentazioni nel deserto cammina sollevando piccole nuvole di polvere nel terreno arido della valle del Bove sull'Etna, accompagnato dalle note dell'*Offerta musicale* di Bach nella trascrizione strumentale di Anton Webern.

Le note dolorose di un *blues* cantato da un mendicante cieco, un nero che chiede l'elemosina davanti a una chiesa (Blind Willie Johnson), sottolineano l'andatura zoppicante di uno sciancato che sta per essere guarito da Gesù. Il canto dice: «*Dark Was the Night. Cold Was the Ground*». È lo stesso che si ode nella colonna sonora quando Giuda decide di andare a impiccarsi, come se anche per il traditore si aprisse, *in extremis*, la possibilità di un ravvedimento.

I Sassi di Matera sono chiamati a evocare la grandiosità dell'antica Gerusalemme, città santa per eccellenza. Il discorso antifarisaico è condotto come un comizio in crescendo, con la forza pubblica che interviene per trattenere la folla e reprimere i tumulti.

I due processi — quello religioso davanti al Sinedrio e quello civile nel pretorio di Pilato — sono visti entrambi in soggettiva da due apostoli (Pietro e Giovanni), ripresi con una tecnica che Pasolini definiva «cinema verità», il cui scopo consiste nell'evitare i luoghi comuni di un'impostazione iconografica tradizionale, logorata dall'uso.

Giungiamo sul Calvario, e qui si verifica qualcosa che nessuno dei presenti era in grado di prevedere. Susanna Pasolini, la madre del regista, è chiamata a interpretare il ruolo della Madonna, che vede morire sotto i suoi occhi il proprio figlio. Susanna aveva vissuto personalmente una vicenda di questo genere quando, sul finire della Seconda Guerra Mondiale, aveva appreso la notizia della morte del figlio Guido, fratello minore di Pier Paolo, trucidato in un oscuro episodio di lotta partigiana.

Quell'evento luttuoso gravava come un macigno sulla vita della famiglia. Tanto più che la vicenda letteraria e cinematografica di Pier Paolo aveva suscitato attorno a lui i clamori di una agguerrita controversia, che rischiava di mettere a repentaglio la sua stessa vita.

La scena della crocifissione è vista in soggettiva dalla Madonna.

Sullo schermo si alternano immagini di Susanna (la Madonna in deliquio), riprese con la camera a mano, e immagini traballanti della croce che viene issata nel terreno con sopra il Cristo inchiodato, ripreso controluce, tra i bagliori del sole che scalfiscono la pellicola.

Quando Pasolini, nell'impostare la recitazione della madre, per ottenere l'espressione di un dolore incontenibile, si mise a gridarle ripetutamente: «Ricordati di Guido!», un brivido attraversò l'intera *troupe*. Alcuni pensavano che il regista, per amore del cinema, stesse abusando del dolore di sua madre.

A differenza di coloro che disapprovavano il suo modo di fare, egli riteneva che soltanto il dono di una poesia portata fino al diapason sarebbe stato in grado di risarcire Susanna di un dolore che aveva sconvolto la sua vita. Non sapeva però che quel dolore, rivissuto nel dar corpo a un'azione che, per chi crede, rappresenta la vittoria definitiva del bene sul male, oltre a contenere il ricordo della morte di suo fratello, era un'anticipazione di quella che, di lì a non molto, sarebbe stata la sua fine.

Competente in umiltà

Gianfranco Contini, che fu lo scopritore di Pasolini giovane poeta e il suo mentore nelle prime esperienze letterarie, lo definisce «competente in umiltà». «La qualità che Pasolini possedeva in rara misura era dunque non l'umiltà, ma qualcosa di molto più difficile da ritrovarsi: l'amore dell'umile, e vorrei dire la competenza in umiltà»[6].

Dopo gli esordi friulani, Pasolini giunge a Roma, travolto dalle vicende drammatiche della sua vita, e conosce la città partendo dall'abiezione della periferia. Scrive i romanzi ambientati nelle borgate: *Ragazzi di vita* (1955) e *Una vita violenta* (1959). Un mondo, per dirla ancora con Contini, rigorosamente chiuso entro un orizzonte di «monnezza», abitato da esseri indigenti, di cui la tradizione non aveva ancora preso nota. La sua attenzione verso quel mondo si fa ancora più acuta quando dalla pagina scritta passa al cinema. L'elaborazione linguistica, che mescola il gergo popolare con la raffinatezza della lingua colta, cede il posto alla visione diretta della realtà.

6. G. Contini, «Testimonianza per Pier Paolo Pasolini», in *Il Ponte*, 30 aprile 1980, 341.

Abbiamo già accennato alla dimensione intrinsecamente religiosa che Pasolini attribuiva alle sue prime esperienze cinematografiche. «Non c'è niente di più tecnicamente sacro che una lenta panoramica — diceva —. Specie quando questa è scoperta da un dilettante, e usata per la prima volta...»[7].

Dopo *Accattone*, Pasolini gira in un breve lasso di tempo altri due film dedicati al popolo delle borgate: *Mamma Roma* (1967) e *La ricotta* (1963). In quegli anni era ancora vivo il ricordo della gloriosa stagione del Neorealismo, fiorito nell'immediato dopoguerra con capolavori come *Roma città aperta* (1945), di Rossellini; *Ladri di biciclette* (1948), di De Sica e Zavattini; *La terra trema* (1948), di Visconti, nei confronti dei quali, pur con il rispetto dovuto ai maestri, Pasolini manteneva un certo distacco.

Anna Magnani, l'eroica popolana di *Roma città aperta*, diventa in *Mamma Roma* una prostituta che pretende di assicurare un avvenire al figlio (Ettore Garofalo) partendo dal nulla. Quando Ettore finisce in carcere per un furto, il derubato ha il volto di Lamberto Maggiorani, protagonista di *Ladri di biciclette*. È evidente che, mentre De Sica prende le difese dell'operaio derubato, Pasolini si schiera dalla parte del ladruncolo. In carcere, Ettore dà in smanie e viene legato sul letto di contenzione, dove lo aspetta una morte atroce.

In questa vicenda si può intravedere la trasposizione di una sorta di Via Crucis, dove non è l'innocente, ma il ladro, quello che va a finire sulla croce, mentre sua madre alza verso il cielo un pugno chiuso, gridando a Cristo: «Di chi è la colpa?... La responsabilità?... Spiegamelo te, io che nun so' niente e te er Re dei re!».

Ne *La ricotta* i simboli della Passione sono facilmente riconoscibili perché la vicenda si svolge su un *set* cinematografico dove un regista (Orson Welles) sta girando un film a colori sulla morte di Cristo. Protagonista de *La ricotta* non è né Welles né Gesù, ma un sottoproletario di nome Stracci (Mario Cipriani), il quale, chiamato a interpretare il ruolo del ladrone buono, muore per un colpo apoplettico sulla croce.

7. «Confessioni tecniche», cit., 2768.

«San Paolo», un film sognato

Il successo riscosso da *Il Vangelo secondo Matteo* spinse Pasolini a desiderare di dare un seguito a quel film. Da un punto di vista cronologico, dopo la narrazione del Vangelo viene quella degli Atti degli Apostoli. Tra il 1966 e il 1974, il regista prese in mano più volte il progetto di un film sulla vita di san Paolo. Agli episodi narrati negli Atti avrebbero dovuto alternarsi i brani più significativi delle lettere dell'Apostolo.

Ogni volta che si avvicinava la possibilità di fare questo film, insorgevano sempre nuove difficoltà. La sceneggiatura, rimasta a lungo nel cassetto, è stata pubblicata dopo la morte del regista.

Nell'estate del 1966 Pasolini era stato per la prima volta a New York e se ne era innamorato. Ne parla con entusiasmo in un'intervista: «Ho conosciuto un gruppo di studenti che vanno nel Sud a organizzare i neri. Fanno venire in mente i primi cristiani. C'è in loro la stessa assolutezza per cui Cristo diceva al giovane ricco: "Per venire con me, devi abbandonare tutto. Chi ama il padre e la madre più di me, non è degno di me". Non sono comunisti né anticomunisti. Sono mistici della democrazia: la loro rivoluzione consiste nel portare la democrazia alle estreme e quasi folli conseguenze.

«Mi è venuta un'idea, conoscendoli: ambientare in America il mio film su san Paolo. Voglio trasferire l'intera azione da Roma a New York, situandola ai tempi nostri, ma senza cambiare nulla. Restando fedelissimo alle sue lettere. New York ha molte analogie con l'antica Roma di cui parla san Paolo. La corruzione, le clientele, il problema dei neri, dei drogati. E a tutto questo san Paolo dava una risposta santa…»[8].

Nel progetto che inoltra a don Emilio Cordero, direttore della casa di produzione che avrebbe dovuto realizzare il film, la Sampaolofilm, Pasolini chiarisce le sue intenzioni: «Qual è la ragione per cui vorrei trasporre la vicenda terrena di san Paolo ai nostri giorni? È molto semplice: per dare cinematograficamente, nel modo più diretto e violento, l'impressione e la convinzione della sua attualità. Per dire insomma esplicitamente allo spettatore che "san Paolo è *qui, oggi,*

8. «Un marxista a New York», in P. P. Pasolini, *Saggi sulla politica e sulla società*, cit., 1601.

tra noi" e che lo è quasi fisicamente e materialmente. Che è alla nostra società che egli si rivolge; è la nostra società che egli piange e ama, minaccia e perdona, aggredisce e teneramente abbraccia»[9].

Prima della conversione, il giovane Saulo è un reazionario e un collaborazionista che partecipa attivamente all'uccisione di un partigiano (santo Stefano) nella Parigi occupata dai nazisti.

La conversione sulla via di Damasco avviene soltanto a metà, tanto che qualche cosa del vecchio fariseo resta attaccato al nuovo santo, mistico e visionario. La prova di ciò la si avrebbe nell'alternarsi nelle Lettere, citate nel film, di squarci teologici ed esortazioni parenetiche. Ai discorsi di Paolo avrebbero dovuto affiancarsi i commenti dei suoi ascoltatori (intellettuali dei nostri giorni).

A mano a mano che il racconto prosegue, il santo viene perduto di vista e, al posto suo, avanza la figura del fondatore di Chiese, che si comporta come l'organizzatore di un partito politico. È il contrasto tra carisma e istituzione che infiammava il dibattito interecclesiale nel volgere degli anni Sessanta.

In una lettera a don Cordero, datata 9 giugno 1968, Pasolini cerca di mettere le mani avanti per prevenire lo sconcerto che avrebbe potuto suscitare in lui e nei suoi confratelli (religiosi della Pia Società San Paolo) il modo poco convenzionale nel quale veniva tratteggiata, nell'abbozzo del film, la figura dell'Apostolo.

«Qui si narra — scrive il regista — la storia di due Paoli: il santo e il prete. E c'è una contraddizione, evidentemente, in questo: io sono tutto per il santo, mentre non sono certo molto tenero con il prete. Ma credo che la Chiesa, proprio con Paolo VI, sia giunta al punto di avere il coraggio di condannare tutto il clericalismo, e quindi anche se stessa in quanto tale. Dico, nei suoi termini pratici e temporali»[10].

«*Teorema*»

Una famiglia dell'alta borghesia milanese.

9. P. P. Pasolini, *San Paolo*, Torino, Einaudi, 1977, 5.
10. «Lettera a don Emilio Cordero del 9 giugno 1968», in P. P. Pasolini, *Lettere 1955-1975*, cit., 639.

Paolo (Massimo Girotti), il padre, è un industriale. Uomo con i piedi per terra. Uno dei pilastri della società neocapitalistica.

Lucia (Silvana Mangano), la madre, è una donna sofisticata ed elegante. Educata dalle suore, accanto a un cattolicesimo di superficie conserva un'inquietudine di fondo.

Pietro (Andrés José Cruz Soublette) è il figlio. Liceale, alunno del Parini, è pieno di complessi e di scrupoli.

Odetta (Anne Wiazemsky) è la figlia. Passerotto implume. Attaccatissima al padre. Esposta senza difese alle insidie della vita.

Emilia (Laura Betti) è la serva. Viene dalla campagna. Parla poco, ma lavora di buona lena.

Sono i personaggi del film *Teorema*, girato da Pasolini nel 1968.

La vita in famiglia e in società è indicata con l'immagine del deserto.

All'improvviso, giunge un giovane ospite di straordinaria bellezza (Terence Stamp). Tutti se ne sentono attratti e, prima o poi, finiscono con l'avere rapporti intimi con lui.

Un giorno, così come è venuto, l'ospite se ne va improvvisamente. Coloro che lo hanno amato, e sono stati amati da lui senza riserve, manifestano la loro costernazione.

Questa è la prima parte del film, seguita da una seconda parte nella quale ciascuno di coloro che, nel contatto con l'ospite, hanno sperimentato che cos'è l'amore autentico, cerca nella vita, tornata grigia com'era prima del suo arrivo, qualcosa che possa sostituire quell'esperienza di per sé irripetibile.

Lucia adesca per la strada dei ragazzi. Pecca e poi, pentita, va in chiesa a confessarsi.

Odetta si abbandona a una sorta di catalessi che la isola dal resto del mondo.

Pietro si dedica a un'attività artistica nella quale, privo di talento, adotta espedienti artificiosi che hanno lo scopo di mascherare la sua mancanza di idee.

La storia di Emilia ha risvolti più complicati. Tornata in campagna, si rifugia in un casolare dove si dedica alla vita ascetica. Si nutre di ortiche e, con stupore dei pochi contadini presenti, compie qualche miracolo. Accompagnata da una vecchia contadina (Susanna Pasolini), si reca dalla campagna in città e si fa seppellire in un cantiere edile, ai piedi di un muro sul quale qualcuno ha dipinto l'emblema «falce e martello».

«Non aver paura — dice Emilia alla vecchia —, non sono venuta qui per morire, ma per piangere... E le mie non sono lacrime di dolore, no, saranno una sorgente... che non sarà una sorgente di dolore...».

Ancora più strana è la vicenda di Paolo, il padre che, dopo aver regalato la fabbrica agli operai, si spoglia tra la gente che gremisce la stazione centrale di Milano. Lo ritroviamo nudo sull'Etna, nella vasta distesa della valle del Bove, dove inscena da solo una sorta di Via Crucis e lancia un urlo che si prolunga fino a quando non sopraggiunge sullo schermo la parola «fine».

Teorema, come dice il titolo, propone una serie di ipotesi delle quali è difficile verificare la consistenza. Parabola a canone sospeso. Racconto dal finale aperto, i cui elementi, suscettibili di interpretazioni diverse, possono essere scomposti e ricomposti in modo da ottenere soluzioni non omogenee.

Si è discusso molto attorno a questo film, il cui senso complessivo riguarda l'incompatibilità del sacro con una società del tutto secolarizzata, come è quella borghese.

Alberto Moravia diceva che la prima parte del film rappresenta quello che è accaduto duemila anni fa. Dio discende sulla terra e si fa uomo per dimostrare concretamente agli uomini fino a che punto arriva il suo amore per loro.

È l'argomento che Pasolini aveva trattato nel suo film sul Vangelo. Tornando sullo stesso argomento a distanza di quattro anni, il regista dimostra quanto quell'esperienza lo abbia coinvolto, fino a fargli cambiare da cima a fondo il suo modo di esprimersi con il cinema.

In *Teorema*, secondo me, Pasolini parla di se stesso, mettendo a nudo il suo animo conteso tra pulsioni che lo spingono verso la poesia e verso la religione. Divide la sua personalità in cinque spicchi (o cinque petali), così come aveva fatto nel poemetto *Poesia in forma di rosa*, dove sfogliava la «rosa cinquina del dolore» per parlare delle proprie sofferenze personali come se si trattasse di contemplare i misteri dolorosi del rosario.

I cinque personaggi che compongono la famiglia rappresentano altrettante possibilità che si presentano davanti a Pasolini dopo che il sacro (l'irrazionale) ha fatto irruzione, con il *Vangelo*, nella sua attività di intellettuale e di artista tutto dedito alla razionalità.

Mentre Odetta si lascia morire perché, priva della presenza tangibile del sacro, la vita non ha per lei alcun senso, gli altri quattro, alla ricerca di un sostituto del sacro, si orientano due verso l'esperienza estetica e due verso l'esperienza religiosa, ma con risultati diversi, perché entrambe le soluzioni si prestano a scelte ulteriori, che puntano verso l'autentico o verso l'inautentico.

Lucia sceglie una religiosità superficiale e inautentica. Paolo, che rinuncia a tutto e si inoltra nudo nel deserto, sceglie a modo suo la via di san Francesco. Pietro si dedica a un'arte insincera e vuota. Emilia sceglie la poesia.

I miracoli della serva, che stupiscono i contadini, sono l'equivalente delle poesie che il giovane Pasolini componeva negli anni Quaranta, quando viveva immerso nei campi del Friuli. Emilia si sposta con la vecchia contadina dalla campagna alla città. Questo è, visto in filigrana, il viaggio avventuroso che Pasolini ha compiuto con la madre nel 1950, quando è fuggito dal Friuli per venire ad abitare nella periferia di Roma.

La falce e il martello dipinti sul muro sono il simbolo della sua nuova poesia civile. Le lacrime danno vita a una fonte miracolosa. Ma, a guardare bene nel cantiere edile, un po' defilata, c'è anche una scavatrice, che rinvia a una poesia, composta da Pasolini negli anni di Rebibbia, che si intitola *Il pianto della scavatrice* e dice tra l'altro: «Piange ciò che ha / fine e ricomincia [...]. Piange ciò che muta, anche / per farsi migliore».

Riflessioni sulla morte

Nel 1966 Pasolini, per il quale le questioni linguistiche avevano assunto un interesse preminente fin dagli anni dell'Università, cominciò a occuparsi della nascente «Semiologia del cinema» in dialogo con il francese Christian Metz e con altri studiosi della materia.

Metz sosteneva che il cinema non è una lingua, ma un linguaggio nella cui composizione confluiscono altri linguaggi (la lingua parlata e scritta, le immagini, i rumori, la musica...). Pasolini, invece, pur sapendo di avventurarsi in un campo del quale non aveva una piena padronanza, ipotizzava che il cinema fosse una lingua vera e propria, il cui codice è costituito dalla realtà.

Lo strutturalismo insegnava che nella vita tutto è linguaggio. Si moltiplicavano studi settoriali sul linguaggio della segnaletica stradale, del vestiario, del cibo, dei versi degli animali... Pasolini sognava un codice dei codici. «La Semiologia — diceva — ha preso in considerazione i più impensati aspetti del linguaggio della realtà, ma mai la realtà stessa come linguaggio»[11]. Il cinema (l'esperienza che aveva fatto girando film) lo metteva sulla strada di una visione della realtà intesa come linguaggio.

«Il cinema è un piano-sequenza infinito che esprime la realtà con la realtà. C'è sempre davanti a ognuno di noi una eventuale e virtuale macchina da presa, dallo *châssis* inesauribile, che "gira" la nostra vita da quando nasciamo a quando moriamo. Perché il nostro linguaggio *primo e puro* è la nostra presenza, realtà nella realtà»[12].

Pasolini ritiene che il linguaggio della realtà umana, che si esprime nel corso di una vita, fa della vita stessa un esempio il cui senso è determinato dalla morte.

«Ognuno di noi (volendo o non volendo) fa vivendo un'azione morale il cui senso è sospeso. Da ciò la ragione della morte. Se noi fossimo immortali, saremmo immorali, perché il nostro esempio non avrebbe mai fine, quindi sarebbe indecifrabile, eternamente sospeso e ambiguo»[13].

Dunque, «o esprimersi e morire o essere inespressi e immortali»[14].

Per mutare il senso di una vita, dice Pasolini, basta una «lacrimuccia» versata «in co' del ponte presso Benevento»[15].

Il riferimento dantesco è riconoscibile, come è riconoscibile la sovrapposizione tra due personaggi: Buonconte (canto V del *Purgatorio*), che muore facendo una croce con le braccia nella battaglia di Campaldino, e Manfredi (canto III del *Purgatorio*), prima sepolto e poi dissepolto nei pressi di Benevento.

11. «I segni viventi e i poeti morti», in *Saggi nella letteratura e sull'arte*, tomo primo, Milano, Mondadori, 1999, 1574.
12. Ivi, 1576.
13. Ivi, 1574.
14. Ivi, 1575.
15. Ivi.

Una sorta di dissolvenza incrociata fonde l'una con l'altra le immagini di due peccatori incalliti, che si pentono e ottengono da Dio, in punto di morte, il perdono delle loro colpe.

«Orribil furo li peccati miei; / ma la bontà infinita ha sí gran braccia, / che prende ciò che si rivolge a lei», così Manfredi. Mentre Buonconte cede la parola al Diavolo, il quale, vedendosi strappare di mano all'ultimo momento un'anima che credeva sua, si rivolge irato all'Angelo: «Tu te ne porti di costui l'etterno / per una lagrimetta che 'l mi toglie; / ma io farò de l'altro altro governo!».

Pasolini commenta: «Osserviamo questa lacrimuccia. Fino a quel punto l'uomo dal cui ciglio quella stenta e sublime lacrimuccia è gocciolata, era stato un peccatore: il suo era stato un esempio di generico male. Quella lacrimuccia ha rovesciato la sua vita: ha gettato su essa, retrospettivamente, una luce completamente diversa: il male è diventato un non male, un contrario del bene, una volontà di essere bene, un bene inespresso, una rabbia di non essere bene, un'impotenza a non volere il bene, una forma aberrante eppure divina del bene. Se egli non fosse mai morto, mai ci sarebbe stata quella lacrimuccia, e il linguaggio della sua azione umana, del suo essere uomo sulla terra, sarebbe stato un esempio inconcluso di male e basta»[16].

Ma perché il cinema acquisti un senso compiuto, è necessario che il materiale girato, passando per la moviola, trovi il suo giusto montaggio. Allo stesso modo «la morte opera una rapida sintesi della vita passata, e la luce retrospettiva che essa rimanda sulla vita ne sceglie i punti essenziali, facendone degli atti morali, fuori dal tempo». Pasolini concludeva: «Questo è il modo con cui una vita diventa una storia»[17].

16. Ivi, 1579.
17. Ivi.

PASOLINI E LA RELIGIONE DEL «SUO» TEMPO

Virgilio Fantuzzi S.I.

«Eppure, Chiesa, ero venuto a te. / Pascal e i canti del Popolo Greco / tenevo stretti in mano, ardente, come se // il mistero contadino, quieto / e sordo nell'estate del quarantatre, / tra il borgo, le viti e il greto // del Tagliamento, fosse al centro / della terra e del cielo; e lì, gola, cuore e ventre // squarciati sul lontano sentiero / delle Fonde, consumavo le ore / del più bel tempo umano, l'intero // mio giorno di gioventù, in amori / la cui dolcezza ancora mi fa piangere... / Tra i libri sparsi, pochi fiori // azzurrini, e l'erba, l'erba candida / tra le saggine, io davo a Cristo / tutta la mia ingenuità e il mio sangue».

Avrete certamente riconosciuto i versi tratti dal poemetto *La religione del mio tempo*; sono i versi iniziali di un'invettiva virulenta nei confronti della Chiesa cattolica, invettiva che si conclude con le parole «*La Chiesa / è lo spietato cuore dello Stato*». Nella violenza dell'invettiva Pasolini non può non ricordare gli anni della sua gioventù in Friuli, quando era stato preso da una sorta di *raptus* religioso e, parlando della religione del suo tempo, non può non mettere a confronto il cristianesimo dei contadini del Friuli con il paganesimo dei ragazzi delle borgate romane, in questa Roma dove, a proposito di religione del suo tempo, lui si trova a fare i conti anche con «*i pii possessori di lotti*», «*turpi alunni di un Gesù corrotto*».

In Pasolini c'erano due elementi contrastanti che convivevano all'interno della sua personalità: da una parte, una religiosità di tipo istintivo, informe, lontana dalla sistematizzazione dei dogmi del cristianesimo inteso come religione istituzionale; dall'altra, come figlio del suo secolo, non poteva non razionalizzare tutto questo. Allo stesso tempo, quindi, viveva due momenti reciprocamente antitetici, ripresi nella *Religione del mio tempo*: «*Com'è giunto lontano dai tumulti / pura-*

mente interiori del suo cuore, / e dal paesaggio di primule e virgulti // del materno Friuli, l'Usignolo / dolceardente della Chiesa Cattolica!».

Nel momento dell'invettiva non dimentica di aver esordito, come autore di versi italiani, con un libro che si affianca alla sua produzione in lingua friulana. Il libro di versi è, come tutti sanno, *L'usignolo della Chiesa Cattolica*. Pasolini è un poeta che ha detto tutto di sé nelle sue poesie. Egli è stato un artista multiforme perché si è espresso non soltanto in diverse forme dell'uso della lingua, ma anche con il cinema e con altre forme artistiche, compresa la pittura che coltivava non da profano. Ebbene, all'interno di questa produzione molteplice non vorrei che si perdesse di vista che la parte centrale della sua opera, la parte più alta e profonda allo stesso tempo, è la poesia, proprio quella scritta in versi e direi soprattutto quella raccolta nei volumi che hanno per titolo *Le ceneri di Gramsci*, *La religione del mio tempo*, *Poesia in forma di rosa* e contengono, oltre a poesie brevi, anche composizioni lunghe, veri e propri poemetti nei quali mette a nudo la sua coscienza. Per accennare soltanto a questo aspetto che considero centrale della sua attività come artista e come poeta, mi basta citare alcuni versi delle *Ceneri di Gramsci*, quando lui immagina di trovarsi nel cimitero degli inglesi davanti alla tomba di Antonio Gramsci e dice: «*Lo scandalo del contraddirmi, dell'essere / con te e contro te; con te nel cuore, / in luce, contro te nelle buie viscere*». Notate l'uso della «e» avversativa, ed è da questa figura, da questa forma centrale dell'espressività poetica di Pasolini, da questo contrasto intimamente vissuto e sinceramente espresso che nasce la figura più tipica dei suoi versi, che è l'ossimoro, oppure l'uso della particella «e» intesa non come congiunzione, ma come disgiunzione, come avviene nei titoli di alcuni suoi libri: *Passione e ideologia*, *Trasumanar e organizzar*. La passione è il contrario della ideologia e l'ideologia è il contrario della passione: la congiunzione «e» collega e nello stesso tempo disgiunge i due elementi in una sorta di «coincidentia oppositorum» che è il nucleo centrale dal quale nasce l'attività poetica di Pasolini.

Alla base di questa contraddizione c'è un conflitto interno tra un elemento irrazionale e i tentativi di razionalizzare questo elemento; una situazione, questa, e un concetto che è espresso in maniera molto efficace nel prologo del film *Medea*, dove viene illustrata la pedagogia di Giasone: c'è il Centauro che educa il piccolo Giasone. Quando Giasone è ancora implume, il Centauro gli si presenta nella sua forma tradizionale, cioè mezzo uomo e mezzo cavallo, e gli dice: «Tutto è santo, tutto è santo, tutto è santo. Non c'è niente di naturale nella natura, tienitelo bene in mente; quando la natura ti sembrerà naturale, tutto sarà finito e comincerà qualcosa d'altro: addio cielo, addio mare». Questo è il Centauro sacro che spiega al piccolo Giasone il senso della realtà. Sennonché, quando Giasone diventa un ragazzo, il Centauro che gli sta davanti non è più la figura mitica del mezzo uomo e mezzo cavallo, ma è semplicemente un uomo, anche se paludato (l'attore è Laurent Terzieff) come lo sono i personaggi delle tragedie antiche, e dice: «Ciò che l'uomo, scoprendo l'agricoltura, ha veduto nei cereali, ciò che hai imparato da questo rapporto, ciò che hai inteso dall'esempio dei semi che perdono sottoterra la loro forma per poi rinascere, tutto questo ha rappresentato la lezione definitiva». Si tratta di un centauro molto colto perché sta citando un autore moderno che si chiama Mircea Eliade, che ha scritto un famoso trattato sulla storia delle religioni. Prosegue il Centauro: «La resurrezione, mio caro, ma ora questa lezione definitiva non serve più; ciò che tu vedi nei cereali, ciò che tu intendi dal rinascere dei semi è per te senza significato come un lontano ricordo che non ti riguarda più. Infatti non c'è nessun dio». Quindi lo stesso Centauro, che al bambino diceva: «Tutto è santo», quando il bambino è diventato un ragazzo, gli dice: «Quello che ti ho insegnato serviva nel mondo antico, ma adesso, in questo mondo moderno, non serve più».

Questo accade all'inizio del film, come avverrà anche in un altro film che Pasolini ha dedicato ad una tragedia antica, *Edipo re*. *Medea* ed *Edipo re* sono i due film di Pasolini che rappresentano due tragedie greche ed entrambi sono spaccati a metà, perché la prima parte è dedicata all'antefatto della tragedia, poi, a metà, film, dall'antefatto, raccontato alla maniera del cinema muto, si passa alla rappresentazione vera e propria della tragedia, basata sui testi di Sofocle per quanto riguarda *Edipo re* e di Euripide per quanto riguarda *Medea*. Nella cesura tra l'antefatto e il fatto di *Medea* si vede Giasone a Corinto, nel bel mezzo della città, che incontra il Centauro. Ormai è un uomo adulto. Non è più né il bambino né il ragazzo di un tempo e ha la gioia di vedere davanti a sé il suo antico maestro: solo che invece di vederne uno, ne vede due, cioè vede contemporaneamente il centauro mitico, mezzo uomo e mezzo cavallo, il quale non parla e, accanto a lui, il centauro che è solo un uomo, il quale invece parla. Giasone dice sorpreso: «Ma io ho conosciuto un solo centauro». E il Centauro: «No. Ne hai conosciuti due: uno sacro, quando eri bambino, e uno sconsacrato quando sei diventato adulto, ma ciò che è sacro si conserva accanto alla sua nuova forma sconsacrata. Eccoci qua, uno accanto all'altro». A Giasone che sviluppa il dialogo con domande sulle quali non mi soffermo, il Centauro dà la spiegazione definitiva chiarendo il significato di questa dualità perché «nulla potrebbe impedire al vecchio Centauro di ispirare dei sentimenti e a me, nuovo Centauro, di esprimerli».

Quindi nella poesia, soprattutto nella poesia adulta di Pasolini, troviamo la convivenza forzata, l'attrito tra questi due elementi contrari che si confrontano, si scontrano, ed è da questo conflitto che nasce la poesia di Pasolini. Nella vita di Pasolini, intesa per grandi periodi, si può assistere ad una specie di moto del pendolo perché è evidente che, quando si trovava in Friuli negli anni Quaranta, e scriveva sia poesie in lingua italiana sia poesie in friulano, viveva sotto il segno del Centauro sacro, quindi viveva in una fase irrazionale del suo modo di essere artista e poeta. Poi si è trasferito a Roma in una condizione completamente nuova. Qui, come possiamo immaginare, il moto del pendolo si sposta da una zona di irrazionalità verso il razionale e attraversa l'intero periodo degli anni Cinquanta, caratterizzato in particolare dal lavoro di gruppo dei redattori della rivista «Officina», i quali cercavano di razionalizzare l'irrazionale. Nel momento in cui Pasolini lascia la letteratura e si dedica al cinema, prima credendoci fino ad un certo punto, ma poi lasciandosi sempre più coinvolgere, è evidente che un precedente sistema (il progetto di razionalizzare anche quello che appariva non razionalizzabile) comincia a sfaldarsi.

Scoprendo il cinema a quarant'anni, dopo essersi dedicato per vent'anni alla letteratura, Pasolini credeva di aver trovato una tecnica nuova per dire le stesse cose che diceva prima. Rimase sorpreso davanti ai primi risultati. Si accorse che la tecnica cinematografica è molto più semplice della tecnica letteraria. Inesperto di cinema (ignorandone cioè i dati tecnici), quando cominciò a girare il suo primo film, *Accattone*, decise di ridurre il più possibile questa semplicità portandola all'essenziale. Il risultato fu quello di uno stile che egli stesso definì sacrale. Pasolini parlava di sacralità tecnica per indicare gli effetti di chiaroscuro masaccesco ottenuti con la pellicola Ferrania e i primi piani di Franco Citti, ripresi controluce, che conferivano al protagonista del film l'aspetto ruvido e solenne di una scultura romanica o gotica. Per il Pasolini poeta tutto ciò rappresentava un forte spostamento dalla razionalità degli anni Cinquanta verso l'irrazionalità degli anni Quaranta, se così ci si può esprimere applicando schematicamente la legge del pendolo.

I primi tre film di Pasolini (*Accattone*, *Mamma Roma*, *La ricotta*) possono sembrare, soprattutto se visti da lontano come facciamo noi adesso, passi obbligati di un percorso che punta verso *Il Vangelo secondo Matteo*. In realtà le cose andarono in maniera più complicata di quanto oggi può sembrare. Quel percorso non fu lineare, ma fu piuttosto un cammino a zig zag attraverso molte contraddizioni sulle quali non mi soffermo.

Nel 1958 era morto Pio XII e gli era succeduto Giovanni XXIII, che apriva una fase nuova nei rapporti tra Chiesa e mondo. Ad Assisi operava un'istituzione, la *Pro Civitate Christiana*, che secondo gli intenti del suo fondatore, don Giovanni Rossi, si offriva come punto d'incontro tra cristiani e laici desiderosi di intrecciare rapporti sulla base della reciproca collaborazione e del dialogo. Nell'ottobre del 1962 Pasolini giunse ad Assisi, ospite della *Pro Civitate Christiana*, in occasione di un convegno sul cinema, al quale partecipavano personalità del variegato mondo dello spettacolo. Benché Pasolini non intervenisse direttamente alle attività del convegno, la sua presenza non passò inosservata e suscitò qualche sorpresa. Per sapere come andarono le cose, bisogna fare un passo indietro. Lucio Settimio Caruso (ancora vivente) era il volontario della *Pro Civitate* incaricato di organizzare gli incontri annuali dei cineasti ad Assisi. Don Giovanni Rossi un giorno lo chiama e gli chiede a bruciapelo: «Secondo te, chi è tra i registi cinematografici quello che è più lontano dalla religione?». Caruso risponde su due piedi: «Pasolini». «Vallo a cercare – ribatte don Giovanni – e portalo qui». Caruso ignorava tutto di Pasolini salvo la pessima fama che era stata sollevata attorno a lui da una persistente campagna denigratoria da parte dei giornali che allora si definivano indipendenti. Legge i suoi libri, vede i suoi film, ne rimane entusiasta. Aggancia con Pasolini rapporti che, superata l'iniziale diffidenza, si fanno via via più cordiali e sfociano nell'ospitalità accordata al regista presso la «Cittadella» di Assisi, in singolare coincidenza, tra l'altro, con il pellegrinaggio di Giovanni XXIII al santuario di Loreto e alla tomba di san Francesco in vista dell'imminente apertura del Concilio Ecumenico Vaticano II.

Il Pasolini che arrivava ad Assisi nell'ottobre del 1962 era un uomo in crisi. Dire che Pasolini era un uomo in crisi è una grande banalità perché Pasolini da quando è nato è sempre stato in crisi e, dato che ha sempre detto tutto di sé, ha detto anche questo: «*La mia crisi non è la crisi di un giorno, di un mese, di un anno; io vivo in uno stato di crisi perenne e insolubile*». Per quanto riguarda la crisi avvertita da Pasolini nel momento in cui arrivava ad Assisi (crisi che coinvolgeva aspetti privati e pubblici, personali e collettivi, culturali e sociali) basta leggere i versi che scriveva in quel periodo, successivamente raccolti nel volume *Poesia in forma di rosa*. Sorvolo sulle circostanze che hanno suscitato dentro di lui l'idea di fare un film sul Vangelo. Mi limito a citare alcune righe di una lettera del regista al produttore Alfredo Bini: «*Come scrittore nato dalla resistenza, come marxista ecc. per tutti gli anni Cinquanta il mio lavoro ideologico è stato verso la razionalità in polemica con l'irrazionalismo della letteratura decadente su cui mi ero formato e che tanto amavo. L'idea di fare un film sul Vangelo e la sua intuizione tecnica è invece, devo confessarlo, frutto di una furiosa ondata irrazionalistica. Voglio fare pura opera di poesia rischiando magari i pericoli dell'esteticità. Tutto questo mette pericolosamente in ballo tutta la mia carriera di scrittore lo so, ma sarebbe bella che, amando così smisuratamente il Cristo di Matteo, temessi di rimettere in ballo qualcosa*».

Pasolini diceva di essere marxista e non credente. La sua scelta di fare un film basato sul primo dei quattro vangeli, quello di Matteo, da interpretare alla lettera, rifiutando interpolazioni e contaminazioni, oltre ad esprimere un atteggiamento di rispetto nei riguardi del testo sacro, indica anche la sua volontà di mantenere una certa distanza nei confronti del contenuto del testo medesimo. «Questo dice Matteo – sembra suggerire Pasolini – e io mi limito a riferire quello che dice lui». Il regista aveva inoltre deciso inizialmente di girare il film con le stesse modalità tecniche che aveva adottato per il suo primo film: semplicità, frontalità, ieraticità, sacralità...

In una pagina autocritica che si intitola *Confessioni tecniche*, il regista indica i motivi per quali non ha potuto realizzare il Vangelo con lo stile di *Accattone*. Solo a riprese iniziate si è reso conto di aver imboccato una strada sbagliata e ha deciso improvvisamente di cambiare direzione. Lascia la sacralità tecnica di *Accattone* e abbraccia il magma, che è la cifra stilistica del *Vangelo*. Per giustificare a posteriori questo modo di procedere, dice di essersi accorto che, se avesse girato il film con l'atteggiamento interiore di un non credente, avrebbe fatto un'opera insincera e quindi inerte sul piano dell'espressione artistica. Ha dovuto pertanto inventare un ipotetico credente che gli prestasse un punto di vista sincero sui fatti narrati da Matteo. Il film si nutre del conflitto tra il Pasolini non credente e l'ipotetico credente che ha dovuto inventare per non essere insincero. Questo conflitto si manifesta nello stile del film. È forse l'unica volta in cui lo stile di un film, modificato e rimodellato in corso d'opera, rende conto, come farebbe un sismografo, del conflitto interiore affrontato dal suo autore nei confronti di un problema che riguarda la fede. Per me, questo conflitto manifesta, da parte di Pasolini, la volontà di restare fuori da un'ottica di fede, e allo stesso tempo l'impossibilità di non cascarci dentro.

Il coinvolgimento personale di Pasolini nella realizzazione del *Vangelo secondo Matteo* è attestato dal numero pressoché illimitato di scelte che egli ha dovuto compiere nelle ore febbrili delle riprese: quel volto, quel taglio di luce, quello squarcio di paesaggio... Il film è stato accolto con vivo interesse e ha suscitato grandi discussioni. Una di queste discussioni (che non poteva non coinvolgere lo stesso Pasolini) riguardava il grado di autonomia del quale il regista aveva potuto usufruire nei confronti dei sacerdoti ai quali egli stesso si era rivolto per ottenere la loro consulenza teologica. C'è nel film una parte che Pasolini stesso considerava illustrativa nei confronti del Vangelo. Una volta che ebbi l'occasione di rivedere il film assieme con lui, nel febbraio del 1968, al termine della proiezione mi disse che, se avesse potuto, avrebbe eliminato due scene successive, relative a due miracoli: moltiplicazione dei pani e dei pesci, Gesù che cammina sulle acque. Allo stesso tempo affermava che, a parte qualche aspetto marginale, il film era interamente suo.

L'acme drammatico del film è rappresentato dalla scena della crocifissione, vista in soggettiva dalla Madonna. La madre di Gesù è interpretata, come è noto, da Susanna Colussi, madre di Pasolini. La tragedia che ha segnato in maniera indelebile la vita di Susanna è la morte di Guido, fratello minore di Pier Paolo, partigiano ucciso da altri partigiani sulle montagne del Friuli nel febbraio del 1945. Secondo la testimonianza di chi era presente sul set, Pasolini ha preparato la madre a interpretare la scena del deliquio della Madonna ai piedi della croce dicendole più volte: «*Ricordati di Guido!*». Voleva cioè che Susanna ripetesse la stessa scena di dolore, portato fino al culmine dello spasimo, che aveva vissuto nel momento in cui aveva ricevuto la notizia della morte del figlio. Durante le riprese del *Vangelo*, Pasolini aveva iniziato a muovere la macchina da presa con le sue mani. Le immagini oggettive della Madonna, che accompagnano i movimenti del deliquio fino a sfiorare i fili d'erba del prato sul quale Susanna si è accasciata, sono state realizzate personalmente dal regista, il quale non avrebbe potuto in nessun modo ottenere un risultato di questo genere impartendo ordini a un operatore. Allo stesso modo sono state realizzate le immagini soggettive con l'innalzamento della croce, viste dallo sguardo traballante della madre che agita il capo, vacilla sulle ginocchia che si piegano, cade sotto il peso insopportabile di quello che i suoi occhi vedono. La scena si conclude con uno spezzone di pellicola nera. Allo spettatore è tolta la possibilità di vedere ciò che la vista non è in grado di sopportare.

Pasolini ha avuto certamente tanti motivi per fare il suo film sul Vangelo di Matteo, ma è difficile che tra i tanti motivi ce ne fosse uno che contasse per lui più di quello che ha espresso pienamente nella scena appena ricordata: l'intenzione di risarcire in qualche modo sua madre per il dolore indicibile che aveva sofferto e ancora soffriva per la morte di Guido, un dolore che si è rinnovato nei tanti momenti difficili della vita di Pier Paolo e che avrebbe avuto il suo sigillo il 2 novembre 1975, quando la vita di Susanna, ridotta ormai a pura sopravvivenza, si sarebbe definitivamente identificata con l'immagine della Mater Dolorosa.

APPENDICE

PASOLINI SULLA STRADA DI TARSO

Ferdinando Castelli S.I.

In *Empirismo eretico* Pasolini affermava: «Finché io non sarò morto, nessuno potrà garantire di conoscermi veramente», e continuava dichiarando che «è assolutamente necessario morire, perché, finché siamo vivi, manchiamo di senso [...]. Solo grazie alla morte, la nostra vita ci serve ad esprimerci». Prendendo le mosse da queste premesse, e persuaso delle loro verità, l'A.[1], con una ricerca attenta e paziente, si è proposto «di coordinare con grande passione, secondo le stesse indicazioni dell'autore Pasolini, una serie di frammenti della sua opera appartenenti a contesti lontani per ricercarne una profonda unità» (p. 6). Conclusione? «Man mano che scalavo i vari livelli, mi convincevo che non erano stati gli eventi a travolgere la vita dello scrittore, ma, al contrario, quest'ultimo aveva architettato tutto, alla perfezione, affinché gli eventi stessi si piegassero alla propria costruzione letteraria». È, questa, la tesi di Giuseppe Zigaina, illustrata nel volume *Hostia. Trilogia della morte di Pier Paolo Pasolini* (Venezia, Marsilio, 1995) che Quirino fa propria, approfondendola con la sua specifica competenza di medico legale, e con una meticolosa lettura dell'intera opera pasoliniana. A suo parere, Pasolini «si identificò» con l'apostolo Paolo, «ne mutuò le impostazioni letterarie e dottrinali, filtrandole attraverso la propria personalità» (p. 111). Dunque, *Pasolini sulla strada di Tarso*: percorre le stesse strade dell'Apostolo per riviverne, facendole proprie, le esperienze, i traumi, le pulsioni, le passioni e la morte. Quirino è particolarmente attento nel dimostrare che la morte dello scrittore e cineasta non fu né accidentale né frutto di un complotto politico; fu un evento che si è svolto secondo

1. Ilario Quirino, *Pasolini sulla strada di Tarso*, Lungro (CS), Marco, 1999, 200, L. 25.000.

una regia da lui programmata secondo un preciso progetto letterario e simbolico.

La ricerca dell'A., condotta con passione e intelligenza d'amore, offre vari elementi di riflessione e chiarisce taluni aspetti della psicologia, della «religione» e della vicenda del poeta, anche se le conclusioni non sono del tutto convincenti. Quanto poi alle «profonde interrelazioni» di Pasolini con il pensiero dell'Apostolo, esse ci sono, sì, ma riguardano Pasolini e un san Paolo «secondo Pasolini», non secondo la storia e l'esegesi neotestamentaria. In realtà, tra l'orizzonte dei due personaggi c'è un abisso; esso esige grande cautela nell'interpretazione delle analogie che si riscontrano nei loro scritti e nella loro vita. Per la scelta e l'abbondanza dei testi, per la chiarezza e onestà di esposizione, il volume di Quirino offre un buon terreno per un dibattito sulle «profonde interrelazioni» sopra accennate.

«LO CERCO DAPPERTUTTO». CRISTO NEI FILM DI PASOLINI

Ferdinando Castelli S.I.

«Lo cerco dappertutto»[1]: l'affermazione è di Pasolini e sintetizza uno degli aspetti più significativi della sua intensa e drammatica esistenza. Nel presente volume l'A., docente di Semiotica dello Spettacolo presso l'Università del Piemonte Orientale, ripercorre l'opera di Pasolini per rintracciare i luoghi, i tempi e i motivi nella ricerca del Cristo. Una ricerca – questa dell'A. – puntuale, appassionata, metodologica, che ci permette di percorrere l'*iter* pasoliniano nella sua espressione letteraria e soprattutto cinematografica. Il volume si compone di tre parti: «Pasolini e il "Vangelo secondo Matteo"», «I film prima del "Vangelo"», «I film dopo il "Vangelo"».

Lo stile chiaro, l'esposizione lineare e precisa, la scelta dei testi rendono la lettura gradita e interessante. La simpatia per il regista e poeta è sincera, ma non altera l'esegesi dei testi; tutt'al più, talvolta, ne dà una interpretazione benevola. A parere dell'A., «la sua [di Pasolini] ideologia o meglio la sua *Weltanshauung*, la sua composizione morale, etica e poetica, è basata sulla cultura e sulla tradizione sacra della vita italiana legata alla terra» (p. 24). All'interno di questa formazione storico-familiare-religiosa entrano elementi desunti da Marx, da Gramsci, da Freud e dal Vangelo. Il Vangelo è «l'unico grande testo sacro ispiratore della sua vita» (p. 28). Il *Vangelo secondo Matteo* «è il punto focale, inconscio e conscio, di tutta la sua produzione o, meglio, della sua esistenza». I film prima e dopo il *Vangelo* hanno in esso il punto di riferimento. Del *Vangelo* l'A. espone la genesi, l'ispirazione, la lavorazione, lo sviluppo, il significato. In conclusione, Pasolini rivela un fascino particolare per il Cristo. Con lui afferma il sentimento del sacro, l'attenzione agli ultimi e il dovere della verità. Pur non accettando il dogma cristiano – Cristo è il figlio di Dio – di lui afferma la divinità: «Credo che Cristo sia divino» (p. 33).

1. Gabriella Pozzetto, *«Lo cerco dappertutto». Cristo nei film di Pasolini*, Milano, Àncora, 2007, 176, € 13,00.

L'UNITÀ IMPOSSIBILE. DINAMICHE TESTUALI NELLA NARRATIVA DI PIER PAOLO PASOLINI

Giampaolo Pignatari

«Rimettere Pasolini al centro della lettura da parte dei letterati», al di fuori di analisi trasversali che spesso sono nate per esigenze ideologiche o di altro genere: questo è l'obiettivo da raggiungere, attraverso un attento lavoro di tipo filologico che si è concretizzato nel recente lavoro che presentiamo[1]. Risultato di un'attività di dottorato di ricerca in ambiente universitario, lo studio coglie l'evoluzione stilistica e tematica, dagli inizi degli anni Quaranta alla pubblicazione di *Alì dagli occhi azzurri* (1965).

Sin dalle prime esperienze letterarie, Pasolini mostra una serie di interessi aperti su vari fronti, una poliedricità che nel corso della sua vita saprà spaziare dalla pittura al teatro, cinema, radio, saggistica. L'orientamento linguistico, così variegato nella molteplicità delle sue manifestazioni, è sicuramente indice di un'intima incessante insoddisfazione che si orienta sia nell'interiorità della sua esistenza sia nell'articolazione delle vicende culturali.

Le prime esperienze di Pasolini, *Poesie della Casarsa* (1942), si caratterizzano per la particolare componente simbolica. È da tale caratteristica che Pasolini passa poi alle prose apparse sulla rivista *Il Setaccio*, giustificate dalla poesia e quasi a suo complemento. Fra gli altri, significativi sono i temi religiosi, intesi quale riflessione sulla morte, sul senso del peccato, sulle ragioni profonde che presiedono all'esistenza. Numerose sono anche le ricerche stilistiche, che riflettono una profonda lacerazione interna, tra una moralità cattolica e le pulsioni interne che si esplicitano sempre più come il «suo essere diverso». Due anni dopo, *Stroligut*, rivista fondata dallo stesso Pa-

1. Giorgio Nisini, *L'unità impossibile. Dinamiche testuali nella narrativa di Pier Paolo Pasolini*, Roma, Carocci - Università La Sapienza, 2008, 246, € 23,00.

solini, introduce nella sua prosa la tematica squisitamente friulana. Sono riflessioni e racconti diaristici, poi confluiti nei *Quaderni rossi*, nei quali presenta il mito proiettato nel mondo contadino friulano, la presenza di un costante e acceso autobiografismo, l'eredità memorialistica, da *La voce* a Proust e Gide, l'esplosione di una sensualità della vita al limite dello scandalo.

Dopo queste esperienze ne consegue un primo, se pure provvisorio, bilancio che vede nella pagina pasoliniana l'affermarsi del tema del doppio, caratterizzato da una dicotomia tra angelo e demone, tra una bontà stilizzata e una sensualità vitalistica ma permeata dal dubbio morale di ascendenza formativa cattolica. Tra il 1946-50, mai stanco di ritornare sui propri passi e di progettare nuovi percorsi, Pasolini mostra che la sua scrittura è magmatica, una sorta di grande macro-narrazione, macrotesto. Tra le numerose opere, *Il Re dei Giapponesi* tende a sintetizzare i princìpi della religiosità cattolica con quelli freudiani del principio del piacere, nella speranza di poter ricucire i lembi inconciliabili della sua identità interiore lacerata, quasi alla ricerca di una demiurgica approvazione del proprio sentirsi nel peccato, per giungere in tal modo a una inarrivabile pace interiore. Lo stile è quello di una ricostruzione memorialistica dell'infanzia, con una significativa propensione al simbolo.

Verso la fine del decennio, si rileva un ulteriore elemento di sviluppo, la presenza della provincia: *Sogno di una cosa*, al quale Pasolini lavorò dal 1948 sino al 1962, quando viene edito da Garzanti. Diversamente da quanto in genere creduto, Nisini dimostra, con rigore filologico, come dalla iniziale matrice friulana si passi, ma soltanto in un secondo tempo, a un'architettura più ampia, in una logica di rielaborazione incessante degli scritti degli anni Quaranta, che introduce la componente ideologica e politica.

Con gli anni Cinquanta giungiamo alla maturità. Da un nucleo di prose ambientate nel mondo contadino, nello sfondo romano, nascono i prototipi dei ragazzi (giovanili, innocenti, rozzi, sfrontati) che daranno origine al romanzo, che celebra la notorietà narrativa di Pasolini, *Ragazzi di vita*. Nella logica di uno sviluppo continuo, coerente, il libro si presenta come antiromanzo, come uno scritto di «non formazione». Piuttosto che giungere alla risultanza borghese, consumistica, infelice, appare di gran lunga migliore il vitalismo contadino. Il rifiuto di tale mentalità, attestato in una sorta di picarismo borgataro, rappresenta il rifiuto di questo modello di vita. L'elemento dissacratorio rifiuta la formazione borghese e si traduce in una pedagogia vitalistica affidata alla vita. Rimanere nel sottoproletariato significa così una forma di sopravvivenza.

Alì dagli occhi azzurri, varie storie dell'Italia del dopoguerra sino al boom economico, conclude l'*excursus*. La modularità magmatica della scrittura e dei temi, dei progetti, con la presenza di tanti racconti che si autogiustificano e comprendono attraverso la serie delle reciproche interazioni non solo permane, ma si amplifica. Ne scaturisce un «antiracconto» che esibisce il processo compositivo sperimentale, in una dichiarazione di poetica. Davanti alla necessità di rappresentare il reale e nella consapevolezza che tale progetto appare impossibile, Pasolini lo restituisce, sulla pagina, nella sua infinita disomogeneità e disorganicità.

Il bilancio, a libro concluso, è quello di una mancata, impossibile *unità*, come si recita nel titolo. Temi, stile, pluralità dei romanzi affrontati, iniziati, ripresi, pubblicati, abbandonati, riflettono una lacerazione interiore alla ricerca di un'impossibile sintesi. Dalle contraddizioni personali a una visione sociale e ideologica della società borghese che si contrappone a quella contadina.

MORIRE PER LE IDEE. VITA LETTERARIA DI PIER PAOLO PASOLINI

Elena Buia Rutt

Il saggio, che l'A.[1], professore di Storia della letteratura italiana contemporanea all'Università di Milano, dedica ai propri studenti, restituisce un esauriente quadro d'insieme della produzione artistica di Pier Paolo Pasolini, intellettuale «controverso», scomparso tragicamente trentacinque anni fa. Pasolini si è cimentato su più fronti e in più generi: dalla poesia alla narrativa, dal teatro al cinema, dal giornalismo alla critica di tipo filologico; il risultato è una produzione artistica smisurata, complessa, articolata, di cui questo agile saggio riesce a offrire un'introduzione attenta e partecipata, privilegiando la leggibilità ai tecnicismi.

La tematica politica e quella religiosa, affrontate in modo personale, violento, provocatorio, costituiscono il binomio che caratterizza tutta l'opera dello scrittore di Casarsa. Per quel che riguarda il primo aspetto, la raccolta poetica intitolata *Le ceneri di Gramsci* (1957) risulta essere emblematica. Essa, infatti, ha a che vedere con la scoperta del proletariato romano, da parte di Pasolini, nella capitale agli inizi degli anni Cinquanta. Commenta Carnero: «Davanti a Gramsci, assurto a simbolo dell'ortodossia marxista, Pasolini dichiara che il suo amore per il mondo popolare è qualcosa di estraneo a ogni ideologia. La conquista della coscienza di classe, che il comunismo indicava come obiettivo prioritario, in quanto preliminare alla possibilità di una lotta di massa finalizzata alla rivoluzione proletaria, avrebbe significato per il proletariato una maggiore consapevolezza politica, civile e culturale. Ma questo avrebbe finito con il compromettere quell'autenticità, quella originalità, quella spontaneità che Pasolini vedeva come le caratteristiche fon-

1. Roberto Carnero, *Morire per le idee. Vita letteraria di Pier Paolo Pasolini*, Milano, Bompiani, 2010, 205, € 10,50.

damentali di quel proletariato e di quel sottoproletariato che nei suoi anni friulani prima e in quelli romani poi aveva imparato a conoscere».
Una visione clamorosamente controcorrente si riscontra anche nel caso della recisa antipatia dello scrittore verso gli atteggiamenti e le prese di posizione del movimento giovanile studentesco. La categoria dello scandalo accompagnò anche le opere riguardanti la tematica religiosa, prevalente soprattutto nella vasta produzione cinematografica di Pasolini. In particolare ricordiamo *Il Vangelo secondo Matteo* (1964), dedicato alla memoria di Giovanni XXIII, film che seguiva fedelmente il testo evangelico, nel ripercorrere le tappe fondamentali della vita di Gesù. Scrive l'A.: «Pur in una fase storica, quella del cosiddetto centro-sinistra, che vede l'avvicinamento di marxisti e cattolici, la scelta pasoliniana di affrontare la narrazione della vita di Cristo suscita sospetti e malumori sia presso l'intellighenzia comunista (che accusa Pasolini di ambiguità ideologica e di misticismo) sia nell'ambito del cattolicesimo più conservatore (che non apprezza il trattamento del soggetto sacro da parte di un autore lontano dalla Chiesa), mentre – va ricordato – l'Ocic (*Office Catholique International du Cinéma*) gli assegna il premio alla Mostra del Cinema di Venezia, dove l'opera viene portata nel 1964».
La produzione artistica e la figura di Pasolini sono dunque estremamente controverse e interessanti; il merito di questo saggio sta nella sua capacità di fornire al lettore gli strumenti per una valutazione personale pacata e competente.

LA CIVILTÀ
CATTOLICA

RIVISTA QUINDICINALE DI CULTURA DELLA COMPAGNIA DI GESÙ, FONDATA NEL 1850

www.ingramcontent.com/pod-product-compliance
Ingram Content Group UK Ltd.
Pitfield, Milton Keynes, MK11 3LW, UK
UKHW022029190726
13853UKWH00005B/2179